U0128357

陳坤宏 —— 著

文創
真實性

Creativity ● Authenticity

目錄

推薦序

　　人居住在不同的空間，生活在不同城市，也生存在世界的各個角落。從馬斯洛的需求層次來看，居住環境至少要能滿足人的生理需求、安全需求；然而人生的最終價值不僅只於生存，可再逐步提升社會需求、尊重需求，最後藉由覺醒和思考的能力，來達成最終的自我實現，如同亞里斯多德曾說：「人生最終的價值在於覺醒和思考的能力，而不只在於生存」。

　　都市計畫、文化觀光、文創商品，看似與哲學思想是不相干的領域，然而「人」終有思想；有思想，才會有都市計畫、文化觀光，乃至於文創商品的設計。《文創真實性》一書試圖喚醒讀者覺醒和思考的能力，重新以哲學角度來反思現今對於都市環境與文化產業的規劃。本書首章從「真實性」開始進行哲學的辯證，「真實」或「真實性」是生活中琅琅上口的詞彙，然而因為人人有不同的生活經驗與認知，形成了不同的見解，對於「真實」或「真實性」就有了不同的定義。例如大家普遍認同文化遺址的保存應具有高度的「真實性」，但對於「真實性」的認知不同，就產生了大相逕庭的作法。我們應該要完全忠於文化遺址或物件，不應修復嗎？或是我們應該修復物件、讓它恢復原始的面貌？或是我們修復之處應和原始物件有所區別、避免以假亂真？本書從「真實」開始談起，並以

「外觀的真實」與「本質的真實」兩條座標來分析，以辯證的方式帶領我們逐步釐清對待文化遺址和觀光的「真實性」應有的思維。

對「真實性」有更深入的體會之後，接下來帶領我們思考在觀光旅遊、文創商品所呈現的「真實性」。除了對「真實性」的定義有不同認知，「真實性」更是可以被建構出來的，只要符合你我對於「真實性」的認知，即使非真實，也會被認定是如此。這個所謂的「真實性」可以用來創造更多價值，也可以讓我們思考如何更接近真實，抑或是反思為何要呈現真實性？這個真實性為何有必要存在？「真實」一定好、「不真實」一定不好嗎？我們該如何在文化真實性與經濟效益之間拿捏取捨？經過了這些反思之後，又衍生出了什麼樣的新策略？透過層層的思維脈絡，我們可以概括認識並審視不同的旅遊和文創類型，進一步把握住文化設計的核心價值。

除了真實性之外，《文創真實性》亦帶出了「多樣性」、「公平與正義」的議題，從希臘三哲開始，公平與正義的議題就不斷被討論。人人也普遍認同都市設計應該具有「多樣性」，然而在實務設計就有了分歧的作法。多樣性可以刺激創新和經濟的成長，也形成了不同的地方意象，然而這些地方意象未必展現了歷史真實。而多樣性衍生出的另一個問題，即是容易形成不公平、不正義的社會環境。此書先以 John Bordley Rawls 的正義論為論述主軸，經過多樣性與反多樣性的辯證，

建構多樣性城市的藍圖，在創造價值之餘，更希望能將城市提升至公平正義的理想境界。

本書始於哲學，也終於哲學。人有思想，方有文化，進而從事規劃與設計。不只是都市規劃或文創旅遊商品的設計，只要是思考、決策、規劃，最終都不能忘了以「人」為主體，且須發揮覺醒和思考的能力，創造最終的人生價值。

陳建旭

國立成功大學工業設計學系教授

兼規劃與設計學院院長

2021 年 11 月

作者序

　　關於「真實性」（Authenticity）議題，最早出現在文化遺產領域，且討論最多，諸多國際文件對於「真實性」的規範也最齊全，其中均明確指明了真實性的原則，甚至包含了把「文化差異」納入真實性規範之中。後來，文化觀光的行銷也陸續討論「真實性」意義的轉變，文創產業也隨之開始關注對於「真實性」的追求。我在這本書中提出所謂「似真實的真實性」（Verisimilar Authenticity）的觀點，值得讀者反思。

　　近年來，學術界出現一種「新真實性」的聲浪與主張，代表的是「真實性」的新意象的展露，它源自「獨具風格、別緻高雅旅遊」此一概念延伸而來，那就是：觀光客具有文化敏銳度、高教育程度、對生態負責，並且以道德上負責、政治上正確的方式，來論證「真實性」的新意象。Greenwood, D. J.（1982）評論說：「所有可能存在的文化一直都在『自我塑造』的過程中」，Eric Cohen（1988）將之稱為「新湧現的真實性」（Emergent Authenticity），它告訴我們：由於「真實性」不是一個原始的、既定的東西，而是可以協商妥協的，因此，我們必須允許它會逐漸出現在擁有不同文化的遊客眼中的可能性。緊接著，McIntosh, A. J. 與 Prentice, R. C.（1999）二人提出所謂「具有洞見的」（Insightfulness）觀光模式，認知到：具

有這方面能力的觀光客到了一個景點，就有可能會產生他們自己的真實體驗，才更有可能幫助觀光客在文化遺產觀光中找到「真實性」。

「真實性」、「多樣性」與「地方感」三者之間的平衡循環與辯證關係，最近開始受到當前都市研究的關注，而「都市多樣性」如何形塑一個「公平城市」，進而找到「真實性」，已成為值得學院派與實務界探索的新議題之一，這本書將會逐一梳理與論述。根據 Susan Fainstein（2005）的論點，一個都市規劃者有責任去創造「城市的多樣化環境」，讓各類不同族群的人們發揮他們的「能力、價值」與智慧，以及參與公共事務的公平機會，最後，一個「公平城市」（just city）於焉誕生。我把 Fainstein 的此一論點，簡化成為以下的邏輯：「都市多樣性」（Urban diversity）→「價值力」（Capacities）→「公平城市」（Just city）。我認為，對於市民而言，或許能夠擁有一個「公平城市」，那才是「最真實的」。

循此一思維邏輯，本人在這本書中，乃安排了共六章，分別是：第 1 章〈真實性的真諦〉、第 2 章〈第三世界國家與真實性的行銷〉、第 3 章〈消費文化遺產與真實性的確認〉、第 4 章〈文創空間／商品與真實性的取捨〉、第 5 章〈真實性、多樣性與地方感〉以及第 6 章〈都市多樣性與公平城市〉。

本人期許能夠一直寫書，出版「文創五書」，最近年來，繼撰寫《都市理論新思維：勞動分工、創意經濟與都會空間》

（合著）、《創意文化空間・商品》（合著）與《創意・都市・
幸福感：驅動區域創新及經濟成長》（合著）之後，又撰寫這
本名為《文創真實性》的新書，整體而言，前三本全書側重分
別是：「創意與經濟」、「創意與空間、商品」與「創意與幸福
感」，而這本新書則側重於「創意與真實性」。縱橫古今，或
許，用「沒有真實的歷史，只有歷史的真實」這句話作為寫
照，最為貼切，也最為真實吧！讀者閱讀這本書時，一邊腦海
浮現著這句話，一邊心中觀想著「文創真實性」這件事。今
天順利完成新書的寫作，不只是欣喜，更感到是一種責任的
完成。因為我對於「寫書」的信念是：「寫書的價值在於引導
別人讀書，教導同學學習，提升讀書風氣」，以此與讀者共勉
之。或許這本書尚有不足或疏漏處，請讀者們指正與包涵。

　　這本書第 4 章台南古蹟限定餅乾包裝袋上的圖案，已經過
台南市政府文化局授權使用，本人致上謝意。第 4 章與第 5 章
中「老屋再利用案例」的商家訪談，則感謝國立臺南大學文資
系文化觀光資源碩士班研究生蘇郁珺同學的協助，同時，在此
誠摯地感謝巨流出版社主編沈志翰與編輯張如芷等，為本書的
編輯與出版付出心血。

陳坤宏

2021 年 10 月

第 1 章

真實性的真諦

1.1 文化資產的「真實性」

1.1.1「真實性」（Authenticity）的古老定義

（1）佛教語。圓成實性三義之一，亦稱真如。清朝龔自珍著《南岳大師大乘止觀科判》云：「止觀境界分三科：一、真實性，即真如。」

（2）指反映事物真實情況的程度。特指文學藝術作品透過藝術形象反映社會生活所達到的正確程度。本人認為這正是統計學上說的「效度」（Validity）。

（3）「真實性」一詞源於希臘語，意思是「自己做的」、「最初的」，真實性概念最初用來描述博物館的藝術展品，之後被借用到哲學領域的人類存在主義的研究中。

1.1.2「真實性」（Authenticity）的近現代定義

「真實性」（Authenticity）一詞，在劍橋英語字典中的解釋為「事實與真實的程度」。「真實性」一詞最早起源於中世紀的歐洲，在希臘語與拉丁語中有「權威的」（authoritative）與「原始的」（original）的涵義。Grayson 與 Martinec（2004）提到現今的英文辭彙「Authenticity」有「原始的」（original）、「真實的」（real）、「可信的」（trustworthy）、「純正的」（genuineness）、「事實」（truth）等涵義（引自潘至彥，2009）。

　　根據 Bruner（1994）的說法，「真實性」有四種不同的意義。第一，真實性與「史實」（historical verisimilitude）的再現有關。這種真實性的再製，因為相似於原始文化物件，看起來可信且具說服力。舉例來說，1990 年代的新榭冷（New Salem），相似於 1830 年代林肯總統所居住的新榭冷。第二，真實性表示「純正的」（genuine），切合歷史（historically accurate）與完美的模擬（immaculate simulation）。前兩個概念都涉及了複製（copy）或是再製（reproduction）的概念，而非其來源。博物館主要採用第一種真實性的概念，但有時也會為採用第二種概念。第三，真實性表示「原創」，正是複製的相反，根據這樣的定義，任何的再製（reproduction）都是不真實的。第四，真實性可以透過權威（authority）或強權（power）被授權、認證或合法驗證。

　　以上這些對於真實性的解釋，都給人比較客觀的印象，偏重於物件的「起源」與「本質」，然而，在學術研究中，因應不同的主題與觀點，對於真實性的討論，也形成了各種不同的流派，依照 Wang（1999）的歸納，將「真實性」分成四種不同的主義，分別為：客觀主義（Objectivism）、建構主義（Constructivism）、後現代主義（Postmodernism）與存在真實性（Existential Authenticity）。

1.1.3「真實性」的必要性

　　2001 年由國立文化資產保存研究中心舉辦的「2001 台灣文化資產保存研究年會」，則以「追求文化資產的真實性」為名，試圖透過世界人類文化遺產的保存標準來重新檢視台灣將近二十年的古蹟修復經驗。傅朝卿在「建立台灣文化資產保存真實性的迫切性」的演講中，談到：

> 國外古蹟或世界文化遺產中有為數眾多的「不完整」古蹟，就是因為依真實性之真諦來看，「不完整的原物」遠比修護過「完整的非原物」更具有其真實性，因此並不鼓勵只求完整但忽略真實性的古蹟整修。另一方面，世界文化遺產中屢屢會出現不妨礙其主要特徵之必要的新添加物，乃是因為新的添加物可以清楚看出其為「新物」，不會與原物混淆，所以比「容易與原物混淆之仿製品」更具真實性（傅朝卿，2001）。

　　國外古蹟或世界文化遺產中對於原始歷史證物之重視，是追求真實性最基本的基礎。在這些國外古蹟或世界文化遺產中，歷史證物絕不可能也不會允許在整修的過程中被任意更改，甚至是移除，這就是「真實性」的必要性。在這種認知下，國外古蹟或世界文化遺產中有為數眾多的「不完整」古蹟，就是因為依真實性之真諦來看，「不完整的原物」遠比修

護過「完整的非原物」更具有其真實性，因此並不鼓勵只求完整但忽略真實性的古蹟整修（傅朝卿，2005）。著名的世界遺產中，不完整的古蹟數量很多，例如羅馬競技場與雅典帕特嫩神廟都是殘跡，又例如台南的台灣城殘蹟。義大利與希臘政府是堅持對於古蹟或世界文化遺產「歷史性」的尊重，認為缺乏直接的原始證據，就不該去修復。這也即是符合上面所說的「最初的」、「真如」、「反映事物真實情況的程度」的定義。

1.1.4 國際文件對於「真實性」的規範

● 1964 年《威尼斯憲章》

在其導言中，開宗明義說明了「真實性」：「充滿著來自過去的訊息，人類歷代的歷史紀念物留傳至今，而成為他們古老傳統之活生生證物」。基於此，人們將其具真實性之完整豐富面向傳給後代，乃成為重要的責任。根據真實性之前提，《威尼斯憲章》於是針對古蹟修復諸多項目提出規範，至今仍然是絕大多數國家遵循的原則。

● 1972 年，聯合國教科文組織（UNESCO）通過的《世界文化與自然遺產保護公約》

「真實性」（authenticity）於是成為世界文化遺產必要的條件。這一點在「《世界文化與自然遺產保護公約》執行行動綱領」中之第 24 條（b）款中陳述得非常清楚：在設計、材料、

技藝或者是環境，以及如果在文化景觀上，它們特殊的性格與構成，均必須符合「真實性」的考驗。這項規定明白的告訴世人，世界文化遺產絕對必須是「真跡」，不容許有任何虛假或重建的臆測之物。

● 1994 年《奈良真實性文件》

顧名思義，此項文件的產生乃是有關文化遺產維護真實性的課題，在 1964 年《威尼斯憲章》的基礎上，提供一個可以繼續討論真實性的論壇，它反映「真實性」在文化資產保存上的重要性，也提出了「真實性是關於價值基本決定因素」的觀念。當然，它也認知到每一個文化對於文化資產真實性的評估並不一樣，所以說，此項文件指出了「真實性與文化差異」的存在必要性。

● 1996 年《聖安東尼宣言》

在《奈良真實性文件》提出後，緊接著《聖安東尼宣言》於這樣的時空背景下產生。該宣言首先說明「真實性與自明性」的關係，強調每一個國家民族的文化不同，乃形成了各國家民族的自明性。雖然如此，卻反對為了強調某文化之主導性而竄改歷史之行為。在實際的觀念與操作中，宣言也體認了每一個國家並不一致的現象。有些國家允許散佚部分之修復，有些則不贊同，認為其只能作為記憶。然而，宣言中明確地指出「只有歷史組構物是真實的，經由修復而獲致的詮釋並不是」。

基於此，宣言也拒絕依賴臆測來修復文化遺產。因此，我們可以得知，《聖安東尼宣言》與大多數國際文件的標準一致。

1.1.5 真實性的原則

綜合上述，我們可以歸納出真實性的原則，主要如下：

（1）尊重「歷史性」（historicity），忠於「原始證物」。

（2）復原須與原物區別，勿「以假亂真」。

（3）不可臆測（non-conjecture）。

（4）多樣性（diversity）（包括時代與式樣）。

（5）可辨識性（distinguishability）、自明性（identity）。

（6）可逆性（reversibility）。

1.2 文化觀光中的「真實性」

客觀主義者認為，「真實性」是存在且能夠被測量的。從這個觀點而言，物件或者地方也許在本質上具有真實性，而「純正性」可以被定義、描述甚至是以其特徵而客觀地量化（Reisinger & Steiner, 2006）。例如《奈良真實性文件》中指出，文化遺產的價值是建立在真實的資訊上，這些資訊的來源包括：形式與設計、材料與本質、使用與功能、傳統與技術、位置與情境、精神與感受，以及其他內部因素與外部因素。但

是，這樣以物件為主的觀點，卻無法反映出參觀者或消費者
如何看待這些客觀要素所代表的「真實性」，以及如何感受其
真實性，這是以客觀主義的觀點來衡量物件的真實性，主要被
應用在文化遺產的保護上。然而，大部分的學者都建議「真實
性」應該是存在於物件所有人的眼中，而不是存在於一個地方
或物件的本質之中，真實性是主觀的，並且建立在物件與個
人或其社會的連結上（Jamal & Hill, 2004；Reisinger & Steiner,
2006；Timothy, 2011；Wang, 1999）。因此，探討文化體驗真
實性議題時，不能將人的主觀因素排除，應該將物件與人之間
的互動關係一起討論才行，尤其是觀光領域對於人的真實性感
受，更是有其必要。

　　觀光是現代人對於文化尋求真實性的管道之一（Chhabra,
Healy & Sills, 2003），MacCannell（1973）以 Goffman（1959）
的「前台」／「後台」理論為基礎，建構了六個階層的舞台
化真實性，此舞台理論解釋了一個文化場域如何透過舞台
（staged），將場域開放給遊客，並體驗場域的真實性。Goffman
（1959）的「前台」指的是人工環境，「後台」則是社區個人的
隱私環境，而 MacCannell（1973）延伸其理論並架構出六個
舞台。由於該理論以環境為主體，因此經常被引用，但在客
觀或量化的研究上，則難以被應用。因此，Cohen（1979）提
出遊客的體驗感受，並回到了 Goffman（1959）的理論來進行
修正。在 Cohen（1979）的理論中，他利用遊客的真實性感受

與否與環境的真實性，進行交叉出四個結果。李明宗（2002）認為，不適合將觀光客全部視為「在追求絕對的真實性」，或是將觀光情境全部視為「都是舞台化的真實」，因此，Lew（1989）嘗試以觀光為導向發展的不同類型商店，進行真實性上的程度分類，分數越高，表示真實性愈高，反之，真實性愈低（引自陳瑩育，2007）。

（一）真實性程度為 1：未經琢磨

自然發展出來，是最真實的商家發展型態，經過一段長時間無自我意識所發展而成。

（二）真實性程度為 2：重新粉刷

商家嘗試保存過去一個真實的風格，以維持特色。

（三）真實性程度為 3：錯誤的外觀

商家為了符合大眾觀光發展，在商家擺設或展示呈現錯誤的外觀，從歐美國家的主題所創造出來。

（四）真實性程度為 4：重新創造

重新創造一個城鎮的風貌，以迪士尼中的「美國小鎮大街」（Main Street, U.S.A）為例，幾乎是全新的購物中心樣貌，呈現一個特殊主題的意象。

從 Goffman（1959）的「前台／後台理論」、MacCannell（1973）的「舞台化真實性階段」、Cohen（1979）的遊客體驗

互動感受，直至李明宗（2002）的真實性程度分析，我們可以看出，關於真實性的討論，從環境本身到環境與人互動，甚至是環境與人們及時間之間的關係，對於真實性討論所造成的差異。「真實性」確實是涵蓋了物件、人與物件以及人與場域關係等元素（Swanson & Timothy, 2012），由此可知，「真實性」的概念非常廣泛，影響文化體驗背後意涵的因素，也是不同元素的錯綜關係。所以，透過理解觀光領域對於文化體驗真實性的論述，我們可以將文創商品視為一種類型的文化體驗，或是文化體驗的一種縮影，僅靠一種觀點的真實性論述，並不能解釋在文化體驗歷程中所遭遇到的各種現象，此時，多元化的觀點是有其存在的必要，必須將文創商品視為一種有時間性的體驗歷程，並針對歷程中不同的現象給予不同的真實性論述，如此才能對文創商品的真實性面貌，有更全面的理解。

1.3 考古遺址／博物館展示的「真實性」

1.3.1 目前作法

我們知道，考古遺址是一種特殊的保存型態，與其他建築類型的文化資產不同。由於考古遺址是過去人類遺留下來的殘跡，而非全貌，所以，其展示如何展現真實，是一大挑戰。劉益昌（2001）主張：必須植基於遺址文化內涵的理解，漸進式

展示並認知其可能的真實性，但是，事實上，漸進式的展示並不一定符合一般的期待，所以仍須加以克服。

在考古遺址或博物館的展示上，有一項非常關鍵的議題，那就是：展示內容如何轉化為觀眾參觀體驗的過程，也是展示如何呈現真實化的問題。若從參觀體驗的過程來切入，大致上包括（1）參觀動線、（2）學習活動設計，以及（3）呈現相關資料的真實性等三個層面。茲分述如下：

（1）參觀動線

參觀動線與空間必須忠實呈現當時史前文化人類活動的時空環境。展示設計外在形式時，必須先理解文化的內涵，並將此理解清楚地呈現在參觀者面前。

（2）學習活動設計

包括：考古遺址或古董器物是如何發現的？研究方法有哪些？這些發現傳達給參觀者什麼訊息與知識？其意義與價值又如何？

（3）呈現相關資料的真實性

包括：與鄰近同性質遺址的關係？與較大區域之史前遺址共同介紹展示等，其目的不外乎期待能夠透過彼此的相互關係，以呈現其真實性。

以掃叭遺址為例，當初規劃理念與定位是台灣東部的重要

地標、舞鶴台地夜間旅遊景點、當地部落豐年祭場所。然而，我們卻發現，如此規劃卻與「展示如何呈現真實化」目標，有些落差。原因在於，光靠石柱，是無法說明遺址之文化內涵與脈絡，也就是說，未經學術研究即進行規劃，自然無法掌握遺址內涵；規劃以觀光為導向，並未設計出文化資產形象。

1.3.2 未來理想

本人初步建構一個理想藍圖，期待能夠達成「展示如何呈現真實化」的目標，分別列舉幾項策略如下：

（1）「生態的保存」

展示的思考開始改變為以人為中心，說明展示物與人類有何關係，同時，展示物不會侷限在建築空間裡，開始注重大眾的生活與需求、參觀者對於這些展示物的感覺，以及與周圍的人產生互動，透過「生態保存」概念的規劃，呈現較完整的生活方式或環境，充分達到以教育、體驗、學習為主軸的展示。

（2）「對話互動、尋找真實」，「參觀者是重心」

今天網路資訊發達，人們對於展示物品本身的欣賞，已經不是主要目的，而人與物品之間的接觸，才是追求的目標，所以，「對話互動、尋找真實」乃成為目前大家正在思考的一個重要議題，雖然尚未有清楚的答案，但已明顯開始轉向到此一方向，值得重視。

（3）「獨特性」,「場景的保護」

（4）選擇展示與真實性的問題

我們有時會發現，主題展往往是在某一角度下選擇展示品來展覽，那麼，被選擇過的展覽所呈現的真實性，是不是真的存在，會不會因為選擇時的偏差而造成真實性的誤差？如果這個前提成立的話，展覽傳遞給參觀人士的訊息，會有失真的問題。另外，參觀者因為社經條件與教育程度不同，對於展示所傳遞的訊息，會有自己的認知與解釋，這會不會造成另一種失真的問題？

（5）文化資產的消費性問題

近年來，因為文化資產企業化盛行，民間企業以歷史、文化為主題，開發文化園區、遊樂園等，雖然有正面的推廣作用，但負面的影響是可能帶來文化資產真實性的誤解。

（6）詮釋權的問題

通常，學者專家、館方或政治人物，對於文化資產握有很大的詮釋權，是不是真的展示文化資產的真實性，或者只是「我想把什麼東西展示給你看」，或者因為不同的立場、價值觀、理論派別，其所詮釋的文化的真實性，都會受到某種程度的質疑。

1.4 文創商品與文化商品化的「真實性」

1.4.1 文創商品的本質與價值

　　廣義而言，所有的商品都具有文化，且文化的識別是相對的。例如，一般使用的筷子在台灣並不會被視為一種具有文化識別的商品，但對西方人而言，筷子卻是東方文化最顯著的象徵。因此，文創商品在文化識別與文化體驗特質中，最核心的本質就是文化訊息的傳遞。所以，文創商品除了具備文化，更被作為訊息傳遞的媒介，期待它具有的文化意義，能夠透過設計師或行銷，被消費者或使用者體驗並詮釋。

　　林榮泰、孫銘賢與涂良錦（2008）認為對產業而言，文化加值創造了產品價值的核心；對文化而言，產業是推動文化發展的動力。文化創意商品「真實性」的追求，即是在於檢視如何透過產業，來滿足人與社會的基礎需求的物質文化，以及推動精神文化，創造文創商品的美感與精神價值。

1.4.2 文創商品與消費者的互動

　　Hsieh 與 Chang（2006）認為，在文化觀光旅遊中，購物是一種最簡單的文化體驗形式。文化創意商品既是文化體驗中的一環，更是推動文化與全民美學的輪軸。但是，並非所有的文創商品都能實現此一價值，因為文化創意商品的價值來自於

文化訊息的傳遞，而文化訊息的傳遞，乃涉及「文創商品與消費者的互動」這件事。從目前文化創意商品的相關研究中，我們可以發現，仍以對於文化符碼的應用為主，較少討論到這些文化符碼如何被解讀，以及是否有效且真實地被作為文化訊息加以傳遞。文化商品所欲傳達的「訊息」，包括產品的材料、屬性、功能、結構、色彩等，所傳達的美學、安全、品味、風格等訴求，都與文化息息相關，文化創意商品不論是再製或再詮釋文化，在在反映地域的文化與其民族性（何明泉、蔡子瑋，1995）。因此，了解文化訊息透過文化創意商品如何被傳遞，其實就是對於訊息接收者「真實性」感受造成的影響，所以說，這是探討文化創意商品之文化真實性的主要方法。

1.4.3 文創商品真實性議題

從觀光領域對真實性議題的討論中，我們可以理解在不同時空背景下，真實性存在不同性質。因此，在真實性觀點的採用上，應抱持對不同真實性觀點背景的了解，並依據文化體驗不同的面向，採用不同的觀點討論其真實性議題，而非以單一觀點。文化創意商品的「真實性」所追求的，絕非是單一物件的絕對真實，而是一種對文化體驗背景全面性了解，並透過不同面向的考量下進行取捨，在市場與文化之間平衡的追求，這個平衡點是由文創商品設計應用設計的判斷力，在不同時空背景下所找到的，成為設計師的靈感，進而推動產業發展。

　　「真實性」是一個廣泛複雜且難以定義的議題。觀光領域中將真實性分類為客觀真實性、建構真實性、後現代真實性與存在真實性（Wang, 1999）。「真實性」表示原創，正好是複製的相反。根據此一定義，任何的再製（reproduction）都是不真實的（Bruner, 1994），偏偏文化創意商品本身卻是對於文化的再製與再詮釋。所以，從客觀真實性的角度來看應用在文化創意商品對於真實性的追求，就顯得消極。因此，大部分的學者都建議，真實性應是存在於物件擁有者的眼中，而不是存在於一個地方或物件的本質之中，易言之，真實性是主觀的，並且建立在物件與個人或其社會的連結上（Jamal & Hill, 2004；Reisinger & Steiner, 2006；Timothy, 2011；Wang, 1999）。基 於此，本人認為，探討文創商品的真實性議題，如果從消費者體驗的角度為主——亦即以後現代主義、存在真實性與建構主義為主，或許比較能夠建構出文創商品的真實性議題全貌，主要在於探討消費者與文創商品互動所產生的真實性感受，但是不可否認的，我們仍須尊重透過客觀主義討論物件的絕對真實性，因為設計師透過參考不同文化物件產生靈感、或運用其文化符碼設計出文創商品，在一定程度上對於文化與符碼的運用，仍存在客觀的真假觀感，而其觀感也可能影響到消費者對於文創商品的真實性感受。

1.5 真實性與文化差異

　　2001 年由國立文化資產保存研究中心舉辦的「2001 台灣
文化資產保存研究年會」，則以「追求文化資產的真實性」為
名，試圖透過世界人類文化遺產的保存標準來重新檢視台灣將
近二十年的古蹟修復經驗。邱博舜在「真實性與文化差異」的
演講中，除了介紹 Jukka Jokilehto 在《建築保存史》中，關於
真實性的討論，並提出在美學與歷史這兩個充滿張力的價值取
向下，出現修復（restoration）甚或重建（reconstruction）與維
護（preservation）兩者不同操作性作法的訴求外，則進一步從
不同時代與地域之社群共識的觀點，重新思考台灣傾向於將古
蹟或歷史建物修整成煥然一新，而非修舊如舊，甚至原貌保存
的作法：

> 其實原物不求長存的觀念是很「生態」很「環保」的，也
> 是很有智慧的。如果這是我們的社群共識，那是不是原作
> 原材就不是重點，喜新而厭舊、汰舊換新重於「防老防
> 腐」的作法就沒錯。而且這也不見得完全一無是處……我
> 們或許可以逆向思考，想想過去二、三十年古蹟保存的作
> 為的優點或特色，好像比較容易找到我們的固有文化價值
> 觀。我們甚至可能很不可思議地肯定臆測創造為我們固有
> 的美學價值，而可以不必辛辛苦苦地試圖建立保存科學的

研究、試驗、研發體系，甚或不必像日本一樣維持一群會蓋伊勢神宮的匠師。我們甚至可能不認為真實性是我們固有文化價值觀或是我們的社群共識的重點。如果真是這樣，我們一定要誠實面對，不應考慮到有違世界潮流而虛掩，因為這才是我們的真實性之所繫（邱博舜，2001）。

Jukka Jokilehto 融合 Paul Philippot 的觀念，將「真實性」定義為：「一件藝術作品的真實性，是對其創作過程與其實質完成的內在統一性，以及它與時俱進的一個誠實性的衡量」，Jokilehto 將藝術作品的觀點回溯到 Alois Riegl 與 Martin Heidegger。Alois Riegl 分辨各種藝術作品的價值，分成紀念性價值與現在價值兩大類，所以，藝術作品的保存工作經常必須在這二種價值之間作取捨，不可能面面俱到。而 Heidegger 認為藝術作品的精義之一在於其誠實，誠實的基礎是唯一性與歷史性。在此，我們可以看出，Jokilehto 指出了創作過程與其實質完成的內在統一性的重要以及它與時俱進的後果，這個定義若想要同時滿足美學的價值與歷史的價值，是有其折衝，甚至困難的，因為在實際操作上，前者會比較強調修復或重建，後者則強調維護。

1994 年的《奈良真實性文件》在「真實性」的判準應該是有時代性與地域性差異的這件事上，是比《威尼斯憲章》有更清楚具體的陳述，第 13 條指出了解文化遺產價值的資訊來

源——用來衡量真實性，包括形式與設計、材料與本質、使用
與機能、傳統與技術、位置與情境、精神與感覺，以及其他內
在與外在的因素；第 11 條指出這些資訊因不同文化而異，不
可能基於固定原則來判定價值與真實性。附件一的第 2 條更鼓
勵各種文化應隨著價值與環境的變遷，而更新真實性的評估。
附件一的第 3 條更強調各自所屬的文化價值必須受到尊重，而
其決定繫於跨領域與社群的共識（Community consensus）的建
立。因此，由此可見，《奈良真實性文件》的最大特色在於鼓
勵各文化根據自己的社群共識，建立文化遺產的價值以及建立
真實性的評估體系，這是一個轉向多元價值觀的里程碑。

　　至此，我們談論「真實性與文化差異」，似乎可以《奈良
真實性文件》作為理論基礎，真實性的內涵是因不同文化而有
差異，即使相同的文化，也應因價值觀的變遷而更新。簡言
之，我們在探討「真實性」時，一定要顧及自己的文化與價值
觀才行。我們可以依循 Riegl 的紀念性價值與現在價值二類價
值體系以及《奈良真實性文件》所提出資訊來源中的形式與設
計、材料與本質、使用與機能、傳統與技術、位置與情境、精
神與感覺等因素，建構真實性評估體系。

　　以華山藝文特區為例，自 1997 年開始規劃推動已經閒置
十年的舊台北酒廠廠房，逐漸開展台灣以藝文使用為訴求的
「閒置空間再利用」運動。與過往古蹟保存不同的是，雖然建
築物本身的歷史性與藝術性，仍是考量的重點，然而，空間的

寬敞性與廢墟性的美感，則成為藝術家創作與展演的重要靈感泉源。所以，在實際使用上，如何在空間衰頹的美感風格與公共安全需求上取得平衡，則成為這些由酒廠、菸廠、糖廠、林場、鐵路倉庫等空間，重新打造為藝文展演使用時的一大挑戰。

綜言之，從歷史脈絡的視野，再回到一開始關於「真實性」的討論，將發現有關古蹟或歷史建物之保存與再利用，也許需要因應不同案例或時空背景的訴求，建立不同的操作機制與思考邏輯，或許，這樣多元的價值觀，能夠提供台灣文化資產保存制度一個寬廣的未來。

1.6 本人提出「似真實的真實性」（Verisimilar Authenticity）的觀點

從以上各節的探討與論證，不論是文化資產、文化觀光、考古遺址／博物館展示以及文創商品各領域，似乎看出因為不同時期、不同學者，在所謂「真實性」這件事上的判定標準，不會完全一致，或嚴格或寬鬆，或忠於原始純正或與時俱進，有時常讓人有多元、混雜的真實性的感覺，我把它稱為「混合的真實性」（Mixed Authenticity），但是，「混合的真實性」似乎又無法完全說明充滿具有很多可能性、多元且又像真實的面貌，所以，本人在這本書中乃提出「似真實的真實性」

（Verisimilar Authenticity）的觀點，期待能夠比較有效且真實地表達我們所看到的「真實性」。

根據 Merriam-Webster（韋氏字典）的說法，所謂「Verisimilar」（似真實的、可能的）的定義如下：

1. having the appearance of truth.

2. depicting realism（as in art or literature）.

它的同義字是：Probable 。

由此可知，所謂「Verisimilar」係指具有真實、事實、真相的外表，也可能足以描述其存在，充滿具有很多可能性、多元且又像真實的狀態。

本人擬從「外觀（appearance）──本質（essence）」與「真實（truthful）──虛假（false）」此二層面來分析「似真實的真實性」觀念可能包含的範疇，大致上可以分成四種範疇。此處先界定「truthful」與「false」的意義，前者「truthful」（簡寫 T）是真實的、真相的、誠實的，而後者「false」（簡寫 F）是虛假的、不忠實的、人造的、錯誤的、欺騙的、偽造的。

四種範疇如下所述：

第 1 種：外觀 T、本質 T

故宮國寶、大部分的世界遺產、未修復過的古蹟／文化遺產、尚未西方化／現代化的原始部落、純正的在地商品或美食

等，均屬之。

第 2 種：外觀 T、本質 F

山寨贋品、不忠實的虛假的文創商品、仿冒的地方小吃、中國洛陽山寨版「白宮」、上海山寨版「艾菲爾鐵塔」、蘇州山寨版「倫敦鐵橋」等，均屬之。

第 3 種：外觀 F、本質 T

台南古蹟限定餅乾、神明公仔、安平夕遊出張所生日彩鹽、台南白河萬里長城、迪士尼樂園、修復過的古蹟／文化遺產等，均屬之。

第 4 種：外觀 F、本質 F

以上第 1、2、3 種都有可能成為符合「似真實的真實性」觀點的真實性的東西，第 4 種則完全不可能。當然，第 2 種所說的「山寨」版的各國家的景點，恐怕是「最不真實」的極端，也最不被人們所接受與認同，因為它們是自己製造出來的景點，除為了帶來商業利益外，也表現出傳達對西方美好生活方式的夢想、炫富或是創意性改造等因素，其結果不但訛傳歷史、虛假宣傳、誤導民眾認知，更是醜化、異化了文物，造成不良的文化影響。

第 2 章

第三世界國家與
真實性的行銷

2.1「真實性」觀念受到挑戰

2.1.1「真實性」觀念為何受到挑戰？

　　表面上，觀光業者主要關心的是行銷真實文化的形象，他們的動力更多是來自於利潤，而不是以一種平等與準確的方式表現出當地居民真實生活面的敏感覺察性（de Kadt, 1979）。觀光業並沒有創造出真實的「非西方的他者」（non-Western Other）的意象，在觀光領域的文獻中，大都是這麼認為的。自從歐洲與阿拉伯人民之間進行了第一次接觸以來，東方主義（Orientalism）（用於區別「西方」與「他者」的意識形態論述）就一直是西方意識（Western consciousness）的一部分（Said, 1979）。對於東方主義的意象的認識，出現在許多媒體上的旅遊廣告與小冊子，還有電影、紀錄片、日記，以及類似《國家地理》等雜誌上，因為大部分觀光客依賴旅遊文獻，獲取有關第三世界的訊息，他們對於土著人民的理解，似乎也從旅遊雜誌上圖片、廣告與小冊子中，獲得了最多且即時的意象。因此，我們可以知道，所謂「他者」（the Other）的意象，實際上是如此無處不在，並且可以透過西方論述的包裝形式出現在遊客眼前（Bruner, 1991）。另外，由於觀光業只銷售那些預計將在旅行期間的產品與意象，造成遊客的真實性不一定是由自己對另一個文化的真正欣賞來決定，而是來自於經過市場化的再現（Adams, 1984）。因此，最近年來，「真實性」（Authenticity）

概念已經開始受到批評（Bruner, 1991；Cohen, 1988；Volkman, 1990），縱使如此，基於觀光市場的需要，它似乎為了如何行銷不同類型的旅遊的意象，提供了一個有用的典範。

2.1.2「真實性」觀念的差異與論證

我們關心的是：「真實性」是如何被觀光客建構起來的？要回答這個問題，我們必須從一些角度來切入，進行論證，包括：西方意識、西方人的想像、後現代社會的異化、殖民主義、當地部落的社會變遷等，如此才能讓我們看清楚觀光客要的「真實性」到底是什麼？是土著人民「原汁原味」的真實性？還是「經過舞台設計、包裝過」的真實性？

在東方主義的背景下，關於土著人形象的行銷，大多傾向於西方人大膽想像「他者」（the Other）應該是什麼樣子。雖然他們宣稱這些他者具有人種學上的準確性，也誇大了人類學家已經作出了將工業化社會與部落文化加以區分的說法，但是，觀光行銷卻一再透露出：旅遊經營者總是認為西方人需要的真實體驗與土著文化，比部落居民自己還來得多（Bruner, 1989）。確實，因為遊客希望看到原始的意象，旅遊行銷要的不只是呈現一個田園神話，因為這樣做，會掩蓋了許多旅遊目的地的內在現實，他們還要努力培養對第三世界的吸引力，把旅遊當作是一種逃避形式，所以，廣告很少強調或是提到，大多數土著人民生活在可憐的貧困之中（Britton, 1979）。這種田

園原始形象最明顯的例子是關於大溪地（Tahiti）的小冊子，這些小冊子經常提到高更（Gauguin）對「外國的」女性的漫畫（Dilley, 1986），小冊子上展示穿著性感「原始」服飾的年輕漂亮女性。這些經常是利用赤膊上胸的女性吸引西方遊客，他們的異國情調與他們的性需求一樣多，兩者都是清楚地呈現在廣告中（Petit-Skinner, 1977）。另外一個例子是，關於塔納托拉查（Tana Toraja）（與其他土著人），說明了它與 19 世紀歐洲列強在非洲部分地區擴張霸權是一樣的，英國試圖透過讓非洲土著人相信某些社會結構在殖民主義下是必需的，而讓土著人認識到這是可以成為非洲的傳統（在接觸西方的生活方式之前），藉此取得統治的合法正當性。歐洲人傾向於粗暴地歪曲他們所統治的社會與民族歷史，目的在於方便描繪其殖民結構與思想是非洲傳統的一部分（Ranger, 1983）。沒想到，因為歐洲人的便宜行事，不但讓觀光客對於非洲原始部落的「真實性」的面貌，產生誤解或不真實的認知，時間一久，還會造成原始部落的「真實性」失真，而真假莫辨。

　　社會理論家與人類學家在「真實性」觀念的認定上，具有明顯的差異。前者認為，沒有一個土著社會在與西方國家接觸之前，有獨特、屬於自己的自明性或一套傳統，以及它們的傳統不是靜態的，而是一直在變化；後者則將原住民視為靜態與一成不變的。確實，許多太平洋地區的被殖民國家或地區建構了一個他們認為是真實的過去，事實上，在第一次與西方國家

接觸之前的土著社會就有多面貌與複雜的歷史存在，因此，所謂「傳統」與「真實性」的概念，是隨著時間的推移而被建構與再建構起來的（Kessing, 1989），那是因為歐洲人重新創造了土著傳統，目的是為了在意識形態上證明並正當化其殖民統治，而觀光業者這樣做，也是為了在市場上有競爭力，滿足消費者想要體驗他們認為永恆不變的文化。

事實上，我們知道，遊客並不是唯一忽視土著社會發生許多變化的人，甚至連人類學家都會將原住民看作是靜態與不變的。Asad（1973）與 Fabian（1983）都記錄了 19 世紀人類學的出現，是如何與殖民主義的合法化產生關連，或許，重新發明新的土著傳統與再東方化他者，應該是西方工業國家的特徵吧！MacCannell（1976）在對於觀光動機的分析中，解釋了遊客在這樣的後現代主義觀點下，建構對「真實性」的追求（另見 Clifford 與 Marcus〔1986〕；Clifford〔1988〕；Cohen〔1988〕）。

由上述論證可知，所謂土著居民的「觀光再現」（touristic representations）不僅強化文化刻板印象，還經常描繪出這樣一個觀念：當地人主要是為了西方遊客的消費而存在的，例如，在旅遊雜誌上發表的文章也會暗示，遊客有權拍攝當地土著居民，即是明證。因此，成功的行銷似乎建立在一些可被有效操縱並推銷遊客想要的東西上，各種例子都說明了：旅遊文獻並沒有想要將土著人描繪成他們可能代表自己的樣子，而是根據

西方人所要的所謂「真實性」的標記，而且，這些標記會因遊客消費特定的意象類型不同，而有不同的設計。

2.2 大眾旅遊中的「另類旅行者」與「獨具風格、別緻高雅旅行者」的出現

Ira Silver（1993）在他發表的〈Marketing Authenticity in Third World Countries〉一文中指出：觀光文獻尋找描繪出原始部落土著居民是具有真實性的，其目的是要迎合西方人意識下的某些意象，以及如何將所謂他者國家地區想像成為他們所要的樣子，而且，所謂「真實性」（Authenticity）是根據不同觀光客消費這些意象時，以多重面貌的方式被建構起來的。出現在觀光文獻中有關他者的意象，是西方世界與第三世界國家經過幾世紀的接觸後被建構與被再建構的產物，充滿著西方論述與西方人的想像，而且這些經常帶有政治意涵。所以，Silver主張：欲探討第三世界國家或地區的「真實性」是如何被觀光客建構起來的此一問題，必須從一些角度切入，進行論證，包括：西方意識、西方人的想像、後現代社會的異化、殖民主義、當地部落的社會變遷等，如此才能夠讓我們看清楚觀光客要的「真實性」到底是什麼？是土著人民「原汁原味」的真實性？還是「經過舞台設計、包裝過」的真實性？

Silver 在上述這篇論文中，討論「大眾旅遊」與「真實性」

之間的關係時，除了大眾旅行者（Mass Travelers）外，特別提出「另類旅行者」（Alternative Travelers）與「獨具風格、別緻高雅旅行者」（Chic Travelers）此二類人。

在前一段所說：第三世界國家或地區的「真實性」是被西方世界的觀光客所建構起來的此一歷史脈絡下，Silver 認為「另類旅行者」與「獨具風格、別緻高雅旅行者」此二類人，是有可能打破過去觀光旅遊西方人的想像與西方論述的迷思，找到真正的「非西方的他者」（non-Western Other）、「真實性的他者」（authentic Other）。

Silver 認為的「另類旅行者」，具有下列特色：

● 反商業主義。

● 與工業化西方對立。

● 對於「真實性」的看法，不受西方影響力而改變。

而「獨具風格、別緻高雅旅行者」，則具有下列特色：

● 英文「Chic」代表的是「前衛」（avant-garde），具有文化敏銳度，對生態負責任。

● 比「大眾旅行者」更真實，而比「另類旅行者」更舒適豪華、更純潔。

● 以高教育程度、道德上負責、政治上正確的方式，說明了「真實性」的新意象。

　　在什麼狀況下的旅遊市場，需要仰賴「獨具風格、別緻高雅旅行者」的投入呢？Silver 舉出夏威夷（Hawaii）、巴布亞新幾內亞（Papua New Guinea）與巴貝多（Barbados）三個國家地區為例來說明。夏威夷目前的大眾旅遊已經很盛行，但仍需要吸引更多遊客時，就用得到「獨具風格、別緻高雅旅行者」。巴布亞新幾內亞目前只期待更多遊客進來，但卻暫時不需要發展大眾旅遊時，也用得到「獨具風格、別緻高雅旅行者」。巴貝多以「讓遊客租下一座別墅來享受渡假生活」為號召，打出「觀光客可以逃離大眾旅遊一群遊客住在大飯店的呆板生活」的宣傳，這種類型的「獨具風格、別緻高雅旅行者」風格，可說是「大眾旅遊」或「另類旅遊」所沒有的，因為它會讓觀光客感覺到他們是這個島上的原住民（哪怕只是短暫的時間），而不是外來者，這種觀光體驗是比較真實的（Rickey, 1990）。

　　在夏威夷，不論是「另類旅行者」或「獨具風格、別緻高雅旅行者」，是有可能打破過去觀光旅遊西方人的想像與西方論述的迷思，找到真正的「非西方的他者」、「真實性的他者」，因為這些觀光客的旅遊動機是來自於他們期待能夠逃避自己的異化生活，讓自己不自覺地表現得就像當地的土著一樣，以充分滿足他們的旅遊期望。在過去，觀光客往往都忽略了許多當地的土著是活在非常貧困生活中，那是因為旅遊廣告刻意不強調這種「不真實」的意象，也因為觀光客總覺得

花了大筆旅費是要去觀光，而不是去看這些問題（Nettekoven, 1979）。但是，到了今天，如果觀光客是採取「獨具風格、別緻高雅旅行者」型態的話，也許就可以親眼目睹這種「不真實」的現象。另外，在夏威夷的旅遊，也讓我們看到一個事實，那就是：如果從東方主義的角度來看，觀光市場本身只是西方國家與他者（the West and the Other）之間一個複雜關係的一小部分，這隱含著觀光業者行銷土著文化時，必須在這樣歷史上不對稱的情形下來評估其市場，才會準確。只因為，在整個觀光行程中，實際上，觀光客與土著居民似乎都處於不相稱的位置，土著為了繼續吸引觀光客的注意力，只能維持其未開發的（甚至原始的）狀態，換句話說，某種程度上，土著如果企圖讓自己變得與西方國家平等（更開發的狀態），不可避免地，他們將開始失去對西方觀光客的吸引力與旅遊價值感（Gewertz & Errington, 1991）。Bruner（1991） 以 及 Hitchcock 與 Brandenburgh（1990） 提 出 所 謂「 觀 光 巧 遇 」（touristic encounter）的觀念來說明此一現象，他們認為，當地土著在接受觀光意象上幾乎是被動的，他們能夠推翻旅遊論述的能力很有限，所以，通常土著只能依照經過設計的羅曼蒂克式、幻想式的行程，去表現、去演出，毫無選擇的空間，因為西方國家觀光業者掌控了上面所說的「觀光巧遇」。當然，過去曾經發生反抗這種情形的例子，例如一些美國印地安土著部落，故意設計笑話與嘲諷，以表達對被物化與被從屬化的不滿情

緒（Evans-Pritchard, 1989）。又例如峇里島的居民，透過為觀
光客演出節目中，提升他們的一些傳統並獲得利益（Mckean,
1989；Noronha, 1979）。甚至，某些土著居民因為擁有自己的
傳統而感到驕傲，表面上看起來是與西方對立，就像峇里島人
與東非的馬賽人（Maasai），所以，他們必須要建構自我感與
身分認同，才不致自我混淆，並且可以用來反射西方的論述
（Bruner, 1991）。

類似「觀光巧遇」產生的情形，也發生在巴布亞新幾內
亞。在所有觀光宣傳品上關於巴布亞新幾內亞人的照片，不但
都是以一成不變的印象所畫出來的形象，同時也是表達了所
謂「他者」的觀念。這一點會產生什麼問題呢？因為一般的觀
光客對於第三世界旅遊目的地的了解，主要是來自於觀光宣傳
品、廣告、小冊子的知識，他們從來沒有學習民族學家研究過
的事實，而這些事實是可以挑戰那些過去一直存在的「他者」
的刻板印象，而不至於讓觀光客產生誤解。理論上，觀光業者
應該告訴遊客，關於這些位在南太平洋的國家或地區的歷史性
元素的知識，包括：殖民地歷史、近年來的重大社會變遷等，
如此，方可讓遊客了解到：為什麼富士島在 100 多年前曾經是
令人驚悚的食人島，現在卻成為一個「友善的島嶼」（Travcoa
brochure, 1991）。

2.3「真實性」的新意象

最近年來，所謂「獨具風格、別緻高雅旅遊」已經變得流行，因為這種觀光型態已成功建構並行銷出一個新的「真實性」的利基市場。在巴布亞新幾內亞，過去每年都只收到少量的另類旅行者，隨著它的發展，西方的力量一直在協助它如何發展觀光？在哪裡發展？後來發現，獨具風格、別緻高雅旅遊終於被確定並宣傳為一種比大眾旅遊破壞性較小的型態。獨具風格、別緻高雅旅遊與大眾旅遊以及另類旅遊的區別在於，前者反映了觀光業者如何包裝最新版本的有關土著居民作為銷售的產品，在這一方面，別緻高雅的旅遊行銷特別有效，因為它描繪出一個「真實性」新形象，給想法較複雜成熟的人們（通常是受過高等教育的），提出如何以道德上負責與政治上正確的方式來旅行的建議。

我們相信，這種新的旅行品類的出現，似乎說明大多數遊客都想要擁有類似的渴望體驗去了解「真實性」，也特別希望以這種方式來完成。因為這種旅遊方式的旅遊行程與全程體驗，並不是由旅行社建構的，而是透過遊客的經歷，在他們的頭腦中形成的，顯得更珍貴、更真實，在未來，它也應該成為旅遊經營者如何銷售觀光業務的核心所在。Bruner（1991）認為，因為旅遊相遇是不對稱的，雖然當地土著必須迎合遊客想像的願望，但是，大多數當地土著是沒有能力去影響真實性

意象如何被建構並加以被行銷，當地人通常可以區分「大眾旅行者」與「另類旅行者」，但他們通常缺乏去影響如何創造出這些不同類別遊客的論述的能力，因此這個時候，「獨具風格、別緻高雅旅行者」的出現，就變得格外醒目且重要。惟有如此，不論是旅遊文獻、政府部門、旅行社，將來推動「真實性」的多面意象時，就必須有賴於這種新的旅遊型態、產品與實際體驗，方可達成。同時，在將來，不論是學院派或是觀光經營者重新定義與重構「真實性」文化時，在「他者」這個觀念如何在西方意識之下，能夠被正確地想像與觀念化這件事上，有其貢獻。

綜合上述，此處所說的「真實性」的新意象，係自「獨具風格、別緻高雅旅行者」此一概念延伸而來，那就是：觀光客具有文化敏銳度、高教育程度、對生態負責，並且以道德上負責、政治上正確的方式，來論證「真實性」的新意象。

2.4「真實性」的定義在觀光商品化中的分歧與轉變

2.4.1「真實性」的出現與現代性

「真實性」具有明顯的現代性價值，它的出現與現代性對社會存在統一性的影響息息相關。從存在主義觀點來看，個人

自我與外在社會（現代的）之間常有對立，而「真實性」此一
觀念正是連結這種人類經歷的一種方式（Berger, 1973）。

　　由於現代社會是不真實的，現代人渴望克服真實性自我與
社會之間的對立，必須到別處尋找真實的生活。因此，「真實
性」乃成為現代旅遊的一個突出的主題。MacCannell 在著作
中提出：「追求真實性」是一個「原始」的概念，這充其量只
是說明，但未有定義。然而，從「真實性」與「商品化」的發
展關係中，似乎可以理解它的含義，因為在追求自我與社會制
度之間的一致性與統一感時，就需要依賴前現代的存在與「現
實」之間的連結（Berger, 1973）。在現代社會中，異化的現代
遊客為了追求真實性，需要尋找純真的、原始的與自然的、以
及尚未被現代性觸及的東西，遊客希望能夠在其他時間以及其
他地方找到，因為這些原始的東西在自己的世界中是欠缺的
（MacCannell1,1976）。所以，MacCannell1（1973）提出了「舞
台化的真實性」（Staged authenticity）的觀念，說明遊客可能會
在觀光遊程中上當，體驗到的卻不是真實的事物，此觀念成為
他在觀光領域中最大的貢獻，並且奠定了學術地位。

　　與 MacCannell 相比，社會理論學者建議：「真實性」應該
是一個社會建構的概念，其社會內涵不是既定的，而是「可協
商、可妥協的」。由此看出，旅遊學者與社會學者可能會以不
同的方式來理解真實性。

2.4.2 不同的「真實性」觀念

茲分成下列不同觀點進行說明：

- L. Trilling（1972）認為，在博物館學中，博物館人員與民族學者一直認定藝術作品應該要呈現出它原始的面貌，才值得被觀賞者欣賞，而拒絕一些虛假的東西。

- M. D. McLeod（1976）將「真正的」（Genuine）（即真實的）非洲藝術定義為：由當地工匠從傳統材料中製作的任何作品，且由當地社會的成員製作和使用時，沒有想到它最終可能會被歐洲人或其他外國人所獲得。

- Cornet（1975）也討論非洲藝術，宣稱「真實」是：為傳統目的而由傳統藝術家創作的任何物品，前提是它需要符合傳統形式。與 McLeod 一樣，Cornet 也認為，在為了被接受為正品，該產品不應該是人工製造的或者是專門為市場而製造。因此，這二位學者都強調：沒有商品化作為一個判斷真偽的重要考慮因素。值得注意的是，儘管 Cornet 提出了他的定義，但他觀察到有些情況下，贗品（即不真實的物品）卻已成為真實的了。

- Cohen（1979）主張：異化疏離與對真實性的追求似乎是正相關。由此可見，知識分子與其他更異化的人將比大多數社會大眾成員更追求更嚴肅的真實性，而不那麼異化也就不太關心的人，包括大多數普通遊客將滿足於

更廣泛、更不嚴格的認證標準。這可能就是 Nettekoven
（1973）在論證時的意思——畢竟遊客不是民族學家，
以及 Desai（1974）所觀察到的：遊客不是「真實性的
堅持者」。

● Goldberg（1983）認為，雖然大多數遊客可能不會尋求
在任何人種學意義上「真實」的體驗，但他仍然警告
說，「他們是否滿足於單純的娛樂」。遊客確實喜歡以不
同的強度尋求真實性，這取決於他們與現代性的疏離程
度。換句話說，較少人關心他們旅遊體驗的真實性，但
仍不乏存在更願意接受「真實的」文化產品或更關心景
點的遊客，則會採用更嚴格的標準，而拒絕「做作」。
這個論點可以作為 Cohen 重申「旅遊體驗模式」的論
證，以及他提出了五種觀光客模式類型的依據。

2.4.3　Cohen 的五種觀光客模式類型

E. Cohen（1979）根據觀光客在旅遊中的體驗深度程度，
提出五種觀光客模式的類型，這五種類型的觀光客對於旅遊真
實性的判定標準不同，有的嚴格，有的較寬鬆，茲分述如下。

● 存在主義型觀光客（"existential" tourists）

此類型觀光客對於旅遊真實性的判定標準最嚴格，一生追
求「原始的、純真的」（go native），並以此標準來評判一件物

品或旅遊景點是否真實或虛假。但也由於這個原因,此類型觀光客也較容易被「舞台化真實性」所吸引,有時卻會造成困惱,因此,當地居民或旅遊業者就會將一些文化產品精心設計成為像各種舞台的樣子,以提供他們的需要,而且此類觀光客會將這些文化產品視為真實性的標誌。簡言之,此類觀光客可說是一群渴望真實性的遊客。

● **實驗型觀光客**(**"experimental" tourists**)

此類型觀光客與存在主義型觀光客有其相似的特徵,只是前者對於真實性的標準比較沒那麼嚴格。

● **體驗型觀光客**(**"experiential" tourists**)

此類型觀光客對於真實性標準的要求,很接近存在主義型觀光客。

● **娛樂型觀光客**(**"recreational" tourists**)

此類型觀光客是抱持享樂的態度來看待「他者」這件事,在旅遊行程中遇到的文化產品,也是以一種玩樂的心情來購買,造成此類型觀光客對於真實性標準的要求,是比較寬鬆的。因此,較不具真實性的「舞台化真實性」是足以讓這一類型的觀光客容易接受任何一項產品都是真實的,或許我們可以這麼說,他們在旅遊中的體驗深度程度,是不如存在主義型觀光客的。

● 轉移注意力型觀光客（"diversionary" tourists）

此類型觀光客在旅遊的體驗中，似乎會不斷地在轉移焦點與遺忘，所以，他們完全不關心旅遊體驗的真實性與否。

2.5「新湧現的真實性」（Emergent Authenticity）的新出現與觀光政策

2.5.1「新湧現的真實性」的新出現

由於「真實性」不是一個原始的、既定的東西，而是可以協商妥協的，因此，我們必須允許它會逐漸出現在擁有不同文化的遊客眼中的可能性。換言之，文化產品或其特徵，在某一時間點上被認為是人為的或不真實的，但是，隨著時間的推移，有可能卻被普遍認為是真實的。例如，一個明顯是人為的、以遊客為導向的節慶（例如庫斯科〔Cuzco〕的太陽祭〔Inti Raymi〕，一個古印加習俗的「復興」），可能在適當的時間點，被接受為「真實的」的地方風俗。同樣地，手工藝品最初只生產並出售給遊客，最終可能會變成一個民族或宗教儀式的「真實性」商品，例如，愛斯基摩人的肥皂石雕刻（Graburn, 1976b）或海達人（Haida）的泥質岩雕刻（Kaufmann, 1976）。Greenwood（1982）評論說：「所有可能存在的文化一直都在『自我塑造』的過程中」，我們可以將此一過程稱為「新湧現的

真實性」（Emergent Authenticity）。「新湧現的真實性」強調一個方面的「傳統的發明」這一廣泛現象，原則上，任何新奇的噱頭，在某一時間點上似乎不過是一個上演的「旅遊陷阱」，但是隨著時間推移，在適當的條件下很可能就變成了被廣泛認為是當地文化的「真實」的表現形式。明顯的例子是美國迪士尼樂園，曾經被看作是人為巧妙設計流行娛樂的最高典範，今天已經成為當代美國文化的重要組成部分（Johnson, 1981；King, 1981），毫無疑問，它在未來也將會被歷史學家與民族志學家，認定為是「真實的」美國傳統。

還有一點，與「新湧現的真實性」的觀念密切相關的是所謂新的「外部大眾」（external public）的觀念（Graburn, 1976a；Shiloah & Cohen, 1983），這是由遊客提供，可以為文化產品的生產者提供機會，整合一些新穎卻「真實」的訊息到文化產品的生產上，這種將不同訊息移植到「內部」本地或種族上的現象，事實上，目前已出現在那些隱藏在明顯誇張的「異國情調」特徵中的商品化的非洲雕塑之中。因此，這些訊息已經成為新的文化表現形式，甚至被人類學家或民族學家認為是「真實的」，而把它當作是一種文化變遷，成為感到興趣的研究議題。這種新發展，正好符合 Ph. F. McKean（1976）的論點：在旅遊商品化的過程中，「外部大眾」（external public）與「內部大眾」（internal public）未必是要互相排斥，二者是可以疊加的，他說："new meanings may be added to old ones, which persevere into the new situation." 意思是說：「把新的意義加在舊的東西上，將會讓新的狀態一直維持下去」。根據 McKean 的研究發現，峇里島人把儀式演出分成三群不同的觀眾群——神聖的、當地的、觀光的，而觀光客觀賞的儀式並未破壞前二者儀式的意涵，不但如此，他們還利用透過舞台化的演出所賺來的資金，提升其表演技能與添購新設備樂器，讓本土表演更加優雅精緻，結果就是保存了在地文化，此正說明它為峇里島帶來的是正面的利益。

2.5.2「新湧現的真實性」的案例

美國著名的女性都市計畫學者 Sharon Zukin（2008, 2010）以「真實性」為視角，觀察紐約的仕紳者與文化菁英，如何透過都市空間與文化真實性的重構，帶動都市再生，不只排除過去不佳的文化形象，同時也提高了該地區的土地開發價值。她發現，1990 年代哈林區代表新世代富裕黑人且高教育程度的小型企業家，從 1920-1930 年代光榮的哈林文藝復興中找尋源頭，終於重塑哈林區新的文化意象。同樣地，在布魯克林區威廉斯堡，文創工作者與文藝界老闆利用視覺藝術展演、表演藝術、當地釀酒廠與時尚品牌，創造出文化新氣象，並且重新改造過去工人階級污穢、粗獷形象的街區，讓它們變成代表威廉斯堡現代且時髦的「文化真實性」。這正是上面所說的「新湧現的真實性」，是一種「新真實性」，一種經過時間的演進，結

合「外部大眾」的觀念與力量，整合一些新穎卻「真實」的訊息到原來的都市文化與空間之中所得到的結果。

另外的例子是上海，正好是 Zukin 所謂的「新真實性的象徵」最佳詮釋的案例。邱淑宜與林文一（2021）發現，在上海文創導向的都市再生中，將「2577 創意大院」「新真實性」的起源，遠溯至清朝的洋務運動，並命名為：「上海唯一的花園式創意園區，唯一擁有百歲高齡歷史建築的創意園區」，園區 36 棟建築物中有 6 棟為歷史保護建築，此案例企圖結合拼貼上海過去現代化的形象與江南園林的意象，導向一種新的文化意象與「新的真實性」。上海「1933 老場坊」（原為屠宰場）也是如此，它被規劃設計為最具歷史感、神祕且真實的起源地，並賦予被重新發明的真實性象徵，用以合法化過去歷史或特定文化風格的「真實空間」，將高級的消費、時尚文化與創意生活植入這種理想化的歷史空間中，例如：空中舞台舉辦男裝時尚秀、國際頂級品牌發表會或名人派對、巴西利卡餐廳舉辦法拉利之夜等，此時，似乎完全抹去了過去的嫌惡印象，最後讓此一「真實性空間」被轉化成為真實性消費場域（Zukin, 2008）。

2.5.3 未來的觀光政策

我們假設：觀光文獻都應該對旅遊研究具有重要意義以及產生社會與文化影響，特別的是，到了今天，或許不能再像過去一樣下結論說：商品化將會破壞真實性與文化產品的意義，

此一結論倒是可以考慮交給更詳細的實證與檢驗，將有可能會發現：隨著時間的推移，衡量當地人與遊客所感知的文化意義與真實性，將有可能會幫助我們確定，在什麼條件下，文化意義會被保留或新出現，並區分它們是否會被那些實際上的旅遊業產生影響或改變。更進一步，這也有助於制定審慎的觀光政策方法，讓此一政策不但是經濟發展的一個分支，並且可以作為現代世界的主要文化的表現形式，相信如此即可避免完全譴責旅遊業，或者是毫不加批判地認可此二極端的情形發生。

第 3 章
消費文化遺產與真實性的確認

3.1 真實性指標架構之建立

3.1.1 由「真實性」的三個向度發展出「真實性」指標

眾所周知,各種產業的發展都需要市場,歐盟是文創產業的一個大市場,但是,若要配合當地的口味及偏好,則需要有對異文化敏感的創作者以及具有「原創力」(Originality)與「真實性」的作品,才能跨越國界及文化。

就以歐洲為例,歐洲市民的日常生活中,文化扮演非常重要的角色,聯合國教科文組織(UNESCO)所認定的約 700 項文化遺產中,有 300 項是在歐盟的 27 國之中。文化的重要性亦可從在歐盟內約有 4,903 萬人從事與文化相關的工作,約佔全體勞動人口的 2.4% 看出,以國家別而言,從羅馬尼亞的 1.1% 到荷蘭的 3.8% 最高。文化遺產包含過去歷史上有形的人造建設,也包含民俗文化中無形的節慶活動(例如歌曲、舞蹈、及其相關道具),更有一些是與自然生態結合在一起,例如:五台山的佛教聖地,既是文化遺產也是自然生態遺產。在各種文化活動中,在 2006 年整個歐盟市民欣賞電影者高達9 億人次,其中愛爾蘭每年每人觀賞 4.2 次為最高。2007 年歐盟 27 國市民參與文化活動的情況如下:電影／收音機 78%、閱讀 71%、歷史古蹟 54%、電影 51%、博物館 41%、音樂會

37%、公共圖書館 35%、戲劇 32%、芭蕾及歌劇 18%。其中各國標準差及變異較大的是公共圖書館的利用，芬蘭 72%、瑞典 70%、丹麥 68%，可能是北歐的冬天漫漫長夜，公共圖書館成為重要的去處。在歷史古蹟的參觀以及博物館、美術館的觀賞，也都是以丹麥、荷蘭與瑞典為最高，比平均數多了 20% 以上。聽音樂會則以波羅的海三小國及丹麥較高，看戲劇最多的則是荷蘭人。

但是，如何評判文化是否具有「真實性」呢？截至目前，相關學術研究與學者論點非常少，本人僅以 Tazim Jamal 與 Steve Hill 二人在 2004 年所做的一項研究為例，試圖尋找「真實性」的指標。他們主張遊客在文化遺產觀光中，通常會有三個向度足以清楚表明其「真實性」，分別是：（1）客觀性的（the objective，或稱作 real）、（2）建構性的（the constructed，或稱作 sociopolitical）以及（3）個人性的（the personal，或稱作 phenomenological），除了此三個向度外，還有兩個可以讓「真實性」產生的層面，也必須加以考慮，它們是「空間」與「時間」。

先就「真實性」的三個向度來談論，表面上看起來是向度（Dimensions），實際上可以把它們看作是指標（Indicators）。（Jamal & Hill, 2002）。

● 從「時間」層面來看，客觀性屬於「歷史時間」；建構性

屬於「遺產時間」；而個人性則屬於「居民／遊客時間」。

● 從「空間」層面來看，客觀性屬於「後台」，真實的與純正的存在；建構性屬於參觀景點、當地社區、目的地、領土空間的產生；而個人性則屬於遊客與景點之間互動、表演型觀光空間、異質空間。

● 從「研究途徑」來看，客觀性屬於科學實證方法、實在論、本質主義，因此，它的「真實性」是固定的、客觀的存在，尚未現代化前的原始性與獨一無二；建構性屬於建構主義、社會建構主義、後現代主義，因此，它的「真實性」是經過協商妥協的意義組合，而且有可能也是經過時間湧現出來的，政治力量介入，空間處於意識形態與技術因素之間且被它們所調解，真實性是經過象徵化與建構化的；而個人性則屬於詮釋與敘事方法，心理學（認知／情感），強調體驗式與存在導向的觀光，現象學研究強調遊客的個人意義是在景點上經過社會關係所產生的。

由以上「真實性」的三個向度，放到「時間」、「空間」與「研究途徑」等三個層面來進行詳細說明與論證後，我們似乎可以初步得到如何評判文化是否具有「真實性」的指標，或許只是替代品，但是也值得參考了。

3.1.2 建立真實性指標架構之依據

　　Jamal 與 Hill（2004）二人在其論文中發現，人人羨慕的所謂「阿姆斯特丹意象」，從藝術到食物，無不充滿著地方感（Placeness），最終形成了「地方真實性」（Place Authenticity），世界僅有，無可取代。同時，他們主張：用來了解真實性指標的「地方感」，需要典範轉移，應該重新定義：在觀光客進行文化遺產旅遊時，各種空間（Space）觀點以及具有政治性的地方（Place）觀點，都會在遊客與當地居民對文化遺產景點的認同及其生活經驗中加以運作。這裡，他們就舉墨西哥旅館為例，在墨西哥市最原始的 San Angel Inn，它宣稱「最原始」，因為它強調擁有古老墨西哥的羅曼蒂克氣氛與尊嚴，後來經過一場老式文化多元主義的討論後，整合了一些現代的元素，卻仍然保留著古老墨西哥的意象，實屬難得，包括：大飯店服務人員穿上「Ballet Folklorico」的服飾，墨西哥高級烹調料理（與在墨西哥的美國人及歐洲人不同的飲食），並且納入水上騎乘表演（這是被殖民前、西班牙殖民時期與當代的墨西哥文化），所以，這是一個把過去適度地整合至現在，並將它視為「遺產」的例子，也是前面所說的「建構的真實性」的一個很好的例子（Salamone, 1997）。Jamal 與 Hill 再以原住民文化地區為例，用以說明「真實性的政治性」這件事。他們發現，著名的原住民文化園區，不論是 Dreamtime Cultural Centre、Tjapukai Aboriginal Cultural Park、Brambuk Living Cultural

Centre，或是 Minnumurra Rainforest Centre，都為觀光客提供了對於文化遺產觀光很有價值的觀察面向，特別是當地原住民基於道德情感而堅持對於土地的主張，並且維護捍衛個人、社會與國家認同的再造。在其他國家地區中，我們也經常發現，在後殖民主義、全球化與多元文化主義的影響力之下，當地的經濟、自然與文化地景，都面臨著正在重塑之中。

因此，從上面二個案例，可以得知：維持經濟與文化的永續性，是與「真實性的政治性」息息相關的，並且凸顯出兩個「地方與空間」的獨特功用，一是文化場域可以是很實用的，可作為教育、藝術與商業地區，二是原住民的土著場域是一個抗爭的基地，可用來維護原住民的認同、正當性與歸屬感。

綜言之，Jamal 與 Hill 最後提出了建立真實性指標架構之依據，主要有二點：（1）從物品、場域與地方感著手，確認此三者的有形與無形的資產與特徵，（2）確認物品、地方感與人們三者在社會政治、交互作用與彼此關連上的關係。

3.2 真實性知覺與懷舊情感之關係

3.2.1「真實性」與消費文化遺產之關連

「真實性」議題在觀光中已日漸受到重視，尤其是在文化觀光的領域，真實性一向是吸引遊客的要素，不僅是在遺跡

觀光中出現，在節慶活動都可以看見此議題的重要性。Green
（2002）探討西印度群島的節慶活動，發現節慶本身不僅可以
陳述國家認同，也可以透過觀光，創造文化交流。他也透過參
與觀察法進行研究，得到結論：為了吸引更多人潮以獲取更多
的利潤，當地業者使用仿製品來吸引觀光客，結果產生「真實
性」與「商業化」之間拉鋸的情況，此現象幾乎會出現在當地
節慶活動中，而且「懷舊情感」在兩者關係之中漸漸失色。同
樣的情形也發生在美國，Magelssen（2003）探討威斯康辛州
Historyland 的觀光吸引力，此地以具有「真實性」的印地安村
落著稱，於 1960 年代遷移到觀光地點，經過重新規劃及設計
後，達到觀光人潮的高峰，研究結果發現，雖然觀光帶來的經
濟效益是正面的，但是，抽離了舊元素而增加新的設計風格，
卻使得遊客在當中難以體驗到過去的時光。

　　Chhabra、Healy 與 Sills（2003）認為要讓古蹟成為受歡
迎的觀光景點，最好的方式是透過環境的建立（例如：維護
歷史性城鎮、整頓產業遺址），古蹟環境的地點，不但需要提
供娛樂與休憩的功能，更重要的是滿足遊客對過去文化的體
驗（Waitt, 2000）。遺跡觀光的意涵是根據對過去的懷舊，並
且渴望體驗不同的文化景觀，其中重要的屬性是「真實性」或
是「真實性知覺」，許多研究相信，遺跡觀光的品質是由「真
實性」所控制的（Chhabra, Healy & Sills, 2003；Taylor, 2001；
Waitt, 2000）。由此可知，遊客在遺跡觀光中渴望獲得最大的

感受是懷舊情感，然而，古蹟在今天為了與民眾更加親近，強調修復的概念並加入休閒的功能，對遺跡觀光規劃者而言，古蹟的真實性是最重要的考量要素，一旦失去歷史真實性，遊客可能無法感受到古蹟所呈現的意涵，也就是導致遊客所感知到的真實性可能在這之間下降。Peleggi（2005）檢視東北亞地區歷史悠久飯店的修復情況，這些飯店皆具有殖民時代的歷史意義。此研究從建築學與歷史鑑定探討，研究結果認為在給予飯店「歷史真實性」的外觀的同時，也要給予顧客「懷舊」的機會，兩者都是重要的角色。Peleggi 認為修復具有歷史意義的飯店，應該不只將其視為消費的場所，更要將其視為一個有助於回憶的地點，以滿足因現代城市景觀進步所造成的回憶空缺。

3.2.2 遊客「真實性知覺」對於「懷舊情感」的影響

「真實性」對於學者專家而言，強調的是符合「原始的」程度，但是對一般遊客而言，他們想要的是能夠與他們心目中相吻合的感覺，因此「真實性」的確立，通常是個人依循以往的經驗知識，所判斷理解出來的，在遊客眼中符合歷史文化的程度，再經由理解的過程，產生真實性的訊息，加上在觀光領域所重視的大多為遊客的感受，因此在觀光行程中，遊客的「真實性知覺」對於「懷舊情感」的影響，是明顯且重要的。

若干重要學者分別提出觀點，茲分述如下：

● **Urry（1990）**

認為觀光地區對「歷史傳統資源的再製」是現今觀光現象之一，成為另一種觀光凝視（gaze），透過想像與片段的記憶，鄉愁、懷舊的心情被建構起來並消費，商業與文化交融在一起，密不可分。

● **Holak 與 Havlene（1998）**

認為懷舊是可以被營造出來的，只要結合一些古老的素材，便可以激發遊客懷舊的情感，懷舊可以是針對過去的記憶回想，也可能是對於某時某地的想像，而在這樣之下，懷舊不一定與個人經驗相關，因此，Holak 與 Havlene（1998）主張，與其說懷舊是一種偏好，倒不如說懷舊是對於舊有事物的偏好，而產生的感覺、情緒或氣氛。

● **陳貞吟（2004）**

利用方法目的鏈（Means end Chain）解釋了懷舊的屬性、結果與價值，結果發現：懷舊旅遊是需要一個視覺與感覺皆要同時啟發的體驗空間，環境的古意能幫助遊客融入懷舊情境。

由上述可知，懷舊情感在遺跡觀光中是一項重要的感受，遊客對遺跡的真實性知覺與遊客的懷舊情感息息相關。同時，懷舊情感需要情境與視覺上的刺激，此情境就是遊客真實性知覺的來源，因此，遊客在歷史景點中需先對週遭環境產生「真

實性知覺」，再帶來「懷舊情感」。綜言之，我們可以如此推論：在文化遺產的消費過程中，遊客的「真實性知覺」對於「懷舊情感」的影響是正向的。由此再次證實，「真實性」在消費文化遺產上的重要性，是不言可喻。

3.3 參觀文化遺產的三個體驗式／情感式過程，代表三個商品化的層級

McIntosh 與 Prentice（1999）企圖透過由觀光客消費文化遺產的過程中，來確認「真實性」，因此，進行了一項經驗調查研究，選取英國三個主要代表不同時期的主題公園── Blists Hill、Black Country Museum、New Lanark，經過半結構式訪談、結構式問卷調查以及深度描述等三步驟的研究後，期待得到觀光客參觀文化遺產的真實性，同時發現觀光客在與參觀現場互動時所產生的三個體驗式／情感式過程，分別是強化同化的過程、認知感知的過程以及追溯性聯想的過程。

他們二人將此三個過程定義如下：

● 強化同化的過程（Process of reinforced assimilation）

係指透過將經驗與現有的思想內容進行比較而獲得新想法或見解的心理過程，在這種情況下，將會把過去與現在的生活方式作一比較。

● 認知感知的過程（Process of cognitive perception）

係指對經過改進的理解事物或新見解或獲得的額外訊息的認知。

● 追溯性聯想的過程（Process of retroactive association）

代表了一種行為，通過一種新的體驗被改變或同化為一種熟悉的體驗所產生的行為，在這種情況下，透過對過去的個人經歷或記憶的懷舊反思，刻畫出個人意義。

茲分別針對這三個過程的經驗調查結果，說明於下。

3.3.1　強化同化的過程

三個英國時期主題公園的受訪者認為，反思過去並將其與現在的生活方式進行比較，是一項卓越的經歷。事實上，在定量研究上，在三個景點抽樣調查的 1,200 名遊客中，36.8% 的樣本認為他們獲得最重要的好處是對「過去與現在的生活」進行比較或反思，以及另有 32.2% 的受訪者稱該益處在其他方面很重要。另外，22.3% 的受訪遊客還表示，他們從對現在而不是當時生活的感激中受益，38.4% 的人認為這是他們從訪問中獲得的最重要的好處。在描述他們對過去的感同身受時，他們認識到「那時的生活是不同的」，意識到「生活在今天的好處」，並且欣賞「我們現在所擁有的──我們認為理所當然的東西」。

　　當被問及他們在訪問期間所經歷的特定想法與情緒的品質時，47.2%的受訪者表示他們對前世所經歷的艱辛（如現場所示）進行了深入思考，另有28.6%的受訪者表示想嘗試這些苦。每一個景點的少數遊客也表示，他們對過去人們的生活、工作條件、工作的辛苦程度，都有深刻的思考，有些人對人們產生了強烈的同情心。他們對過去生活的看法，包括描述「那時的生活是多麼艱難、艱苦與折磨」，並且表現出「難以置信」、「驚訝」、「意識到」、「恐怖」與「恐懼」的感受。從此一研究中，我們經常發現，對過去生活方式所經歷的苦難的認識以及與今天的生活水準的比較，會使得受訪者對他們現在的生活感到更加感激，從而「增強」了他們對當前生活方式的認同感和滿意度。

　　因此，我們可以這麼說：強化同化的過程代表了在比較過去與現在的生活方式時，遊客似乎以個人主觀的方式將新的想法或見解（真實性）與他們現有的知識相結合。換句話說，訪問者以對他們個人更有意義的方式來編碼他們所見聞到的新訊息。從這一方面來看，獲得的文化真實性體驗是透過先前的個人知識同化而來，並且對於個人具有重大意義。

3.3.2 認知感知的過程

　　這種認知感知過程代表了遊客所表現出來的新見解或訊息的獲得，或由於獲得的經驗而提高的理解力。在這裡，所獲得

的新見解不會被個人經驗或相關性所同化，所獲得的文化經驗是較不熟悉的。在三個景點進行定量研究時，受訪的所有遊客中，有相當一部分（45.8%）表示他們了解了過去人們的生活方式；另有 19.7% 的人表示，這種理解是他們訪問中獲得的最重要的好處。另外，45.7% 的人表示他們已經了解了人們過去的工作方式，19.3% 的人認為這是他們獲得的最重要的東西。參觀者回答說，他們如何「透過實際觀察運行中的事物，吸取到感受與情緒，更深入地了解生活是什麼樣子」，以及「您了解到的生活是什麼樣子，但實際上看到並體驗到它使生活變得更加真實並且發人深省」。

然而，與該研究對景點所呈現內容相比較，在訪問期間，正式學習社會歷史與工業化歷程的情況，很少被認為是重要的認知益處。這一發現可能反映了「偶發的」文化遊客參觀這些景點的普遍動機（Pretice, 1993）。透過這種方式，體驗式的觀察更恰當地定義了這裡所說的認知結果的性質，而不是像許多博物館研究通常關注的事實回憶。因此，認知感知的過程是一種體驗式學習，經由感知到的同理心以及對過去的批判性參與，可以提高人們的理解力，尤其它可能涉及與個人具有特定興趣的主題相關的認知。我們可以這麼說，觀察力（真實性）在某種程度上，乃取決於個別遊客的特定興趣與經驗。

3.3.3 追溯性聯想的過程

　　大約四分之一（25.3％）的受訪者表示，在訪問期間，他們曾深入思考過一段他們個人可以記住的過去，另有 18.8％ 的受訪者表示，他們在其他情況下會重溫記憶。因此，這些回答，顯然是與個人經歷或意義有關連。這樣的話，一種新的體驗（真實性）透過反省思維而變得熟悉，他們對過去的同理心與批判性參與的描述，也是如此，變得更加充滿個人意義與歷史性。特別是，博物館建築中的某些物品會激發他們的記憶與個人歷史，例如馬口鐵浴缸、燙衣、家具、裝飾品、老式糖果以及某些工具和工業設備。

　　在定量研究中受訪的遊客中，21.3％ 的人表示，他們從訪問中獲得的最重要的好處來自重溫個人記憶的享受，另有 16.7％ 的人認為這是一個重要的好處。事實上，遊客們回答說這次訪問「給了我一種懷舊的感覺，我喜歡回憶我的童年」，「您的記憶突然回想起我們的祖父母，可能還有他們的祖父母擁有的東西」，「這是對我忘記的事情的觀察，因此我很高興我來了」，以及，「隨著年齡的增長，您會更多地依賴回憶；您曾經擁有的，你錯過了」。透過這種方式，遊客獲得的真實體驗直接與個人的記憶及意義產生了關連性。

　　在定量研究期間接受訪問的少數受訪者（11.3％），也認為他們可以從與他人分享記憶或生活經歷中受益，其中，大多數

（13.2%）回答說，這是他們在工作期間獲得的最重要的好處。
還有一些遊客評論說，他們覺得他們「傳遞了他們的經歷」，
或者「重溫了回憶，我很高興能夠與其他人談論我的經歷」。
Blists Hill 的一位受訪者描述了她的孫女「太小，不記得以前是
什麼樣子，但我們稍後會和她談談；當她認為一切都是理所當
然的時候，我們會提醒她。」因此，我們得知這種方式，可以
假設遊客在現場獲得的有益體驗，可能也會對其他人有益，並
且可能持續更長時間，從而在空間上與現場分離出來，而在其
他地方也會如此地受益（Bruns, Driver, Lee, Anderson & Brown,
1994）。

3.4 新增觀點：「具有洞見的」觀光客（Insightfulness），有助於尋找「真實性」

多年來，文化遺產觀光逐漸成熟發展的結果，似乎說明了
一個事實：遊客尋求真實性，對於他們建立觀察力，是有幫助
的；相反地，所謂「具有洞見的」觀光客（Insightfulness），
也有助於尋找「真實性」。觀光的核心產品可以定義為：為遊
客提供的體驗，係出自於對新奇、社交、聲望、放鬆、智力
豐富、增強團結、回歸青少年行為的渴望而消費（Crompton
& McKay, 1997）。由於文化遊客在旅遊景點停留的時間相對較
短，他們的需求往往是「展示與了解」過去，而不是驚奇或娛

樂。從這個角度來看，景點本質上是一種促進感受、情感、想像與知識的體驗產品，從字面上看，它是一種經驗的結構。再從這個角度來看，每個遊客都會基於個人興趣、以前的經驗與知識，帶著自己的個人議程、背景或「文化想像」，來到一個文化景點參觀（Macdonald, 1992），這些遊客包括以訪問景點為主要目的的遊客、在假期中偶然訪問的遊客，以及「意外」訪問的遊客。特別是對於前者，他們的訪問不太可能只是尋找新的體驗或見解，而是會把參觀當作是生活方式的一部分，甚至像是在文化部門的工作（Richards, 1996）。因此，文化遺產景點的遊客，大多會透過想像力、情感與思維過程，幫助他們產生自己的體驗，並在環境中賦予自己的個人意義的對象物。因此，個別遊客可能會以與預期完全不同的方式去解釋文化景點所提供的環境，例如，經由記憶提示，而不是教育洞察力（Beeho & Prentice, 1995）。由此可知，真實性的體驗也可能是多樣性的。

更進一步的說，在文化遺產景點的遊客，可以被視為一群「很留神」如何根據所提供的環境並尋求真實性的人們，本質上，所謂「很留神」（Mindfulness）是一個認知概念（cognitive concept），指的是「遊客很積極、感到興趣、質疑並且能夠重新評估他們看待世界的方式」（Moscardo, 1996）。然而，根據 McIntosh 與 Prentice（1999）的研究發現，受訪遊客的反應不只是認知而已，他們可能還具備一個更廣泛的概念，那就是：

「具有洞見的」觀光客。所謂「具有洞見的」，可以被定義為是
一種情緒狀態，在這種狀態下，遊客有意識地與情感上能夠與
景點環境產生互動，以引導出他們自己的個人意義，以及從
這個過程中獲得利益，這是一種聯想與情感（associative and
affective），而不是簡單的認知（cognitive）而已。當然有人可
能會反駁說，目前仍有不少的觀光研究假設人們不是「與其
環境進行積極協商，而是被動地受其影響」，或許不同遊客在
歷史名勝中觀察到的行為可能也是如此，這畢竟是過去的觀光
行為模式，必然會繼續存在，但是，如果我們想在未來追求真
實性的話，勢必要回到這種新增的觀點：「具有洞見的」觀光
客模式，才更有可能幫助觀光客在文化遺產觀光中找到「真實
性」。

　　至此，我們似乎已經為以下的假設——「具有洞見的」觀
光客有助於尋找「真實性」——找到了理論基礎。那就是：
「具有洞見的」觀光客建立在尋求真實性、感知與個人觀點的
基礎上，代表了遊客從他們的相遇中獲得充滿情感與價值的
個人見解與聯想（這裡表現出來的正是上一節所討論的參觀
文化遺產的三個體驗式／情感式過程，它們是三個不同的心
理過程），因此，所謂「具有洞見的」觀光模式認知到：具有
這方面能力的觀光客到了一個景點，就有可能會產生自己的
真實體驗，因為，這裡所說的「具有洞見的」的概念是採用
一種更具互動性的觀點，用來取代傳統的被動式真實性觀點

（MacCannell, 1973），換句話說，地方體驗與真實性是具有個人獨特性的，而不是為所有遊客而建構。

在觀光實務應用上，這一概念增加了讓我們進一步理解旅遊行為的潛力，以及觀察如何將文化旅遊體驗化作對個人以及整個社會的長期助益，總之，「具有洞見的」觀光模式對於了解文化遺產參觀的長期價值，是有很大的助益。

第 4 章

文創空間／商品與真實性
的取捨

4.1 文創商品真實性——追求文化與市場的平衡

記得幾年前的一篇報導，義大利時尚品牌 ALESSI 以故宮文物為主題，設計各種產品，在國際市場上獲得熱烈迴響，卻遭到故宮院長周功鑫批評 ALESSI 設計師的設計太過表象，ALESSI 顯然對中國文化並不了解。然而，代理商對於這樣的評論感到不可置信，並認為，設計商品的重點就是消費者的喜愛與反應，事實證明這兩個系列相當受到歡迎。

這篇報導便是文化與消費者市場對於文創商品的不同期待的最好例子，而文創商品的真實性議題討論，即落在「文化」與「市場」的平衡之中。從這篇報導中，我們無法知道究竟誰的說法是對或是錯。若以真實性的觀點來看，二者是站在不同的面向上做評論，故宮院長傾向於客觀主義與建構主義的觀點，而代理商則是傾向於後現代主義或存在真實性的消費者觀點。

真實性議題在於討論如何能夠滿足市場與滿足文化兩者間的平衡點？如果真是如此，那麼，文化與市場的平衡點在哪裡？很顯然，在社會科學領域中，平衡概念不會是簡單的數字的平均數。本人認為亞里斯多德（Aristotl）在他的倫理學中提到「中道」（The mean）的概念，比較適合說明。Baggini（2008）認為這種概念主要應用在人類的行為，且是以「判斷

力」來決定其中道，不是套用數學公式的概念。雖然「判斷力」的概念有些模糊，但卻可以透過時間與經驗累積，進而培養出對事物敏銳的判斷力。因此，如果我們要在（市場）虛假與（文化）真實之間尋找一個平衡點，那這個平衡點又會是什麼？事實上，在某些情況下，反而更接近市場需求的商品往往還更具真實性，為何會產生這樣的矛盾呢？中道觀認為，我們總是習於將德行與惡行視為一個事物的兩個極端，例如慷慨與吝嗇是相對的。不過，亞里斯多德認為，德行其實是兩個極端之間的中道，一邊的極端是不足，另一邊則是太過，因此慷慨便是吝嗇與揮霍的中道，而且，中道觀認為在兩個極端中間的平衡點是隨著情況而變動的，這也說明了為什麼這個論點強調的是使用者本身的判斷力，用這樣的思考方式來思考我們追求的平衡點「真實」，便可以解決上述所產生的矛盾。

現在舉出二例來說明上述情形。第一例，在金門，當地的金門風獅爺比被重新設計過的風獅爺文化創意商品，更受到遊客歡迎，當地居民也對於生產風獅爺文化創意商品不感興趣，因為，在金門當地的體驗薰陶下，風獅爺當然比文化創意商品更顯得真實，這正是前面所說的：透過時間與經驗累積，進而培養出對事物敏銳的「判斷力」，而此一「判斷力」就是金門人所認定的「真實的」風獅爺。第二例，我們經常會發現，觀光景點的文化創意精品店績效不佳，那是因為消費者期待能夠獲得直接與當地文化連結的商品，而非符合現代生活風格的文

化創意設計商品的緣故。從這兩個例子，我們便可以理解如何在虛假與俗氣中找尋真實平衡點的關鍵，風獅爺的造型在一般的現代生活裡，雖然可能因為造形與現代風格不符而顯得俗氣，但是在特定的情境脈絡與個人體驗（例如觀光客）的支持下，這樣俗氣的風格反而更顯真實。相反地，在都市中以在地文化為元素的商品，有必要被再設計為文化創意商品，以創意取向的商品來貼近現代生活，進而被消費者認定是真實。

以上的案例與邏輯，可能會讓人推論出市場取向就是「虛假的」結論。這樣的結論也是可以理解的，因為，站在市場的角度，極端的文化取向就會有可能造成俗氣的結果，而無法被站在文化角度的這一方所接受。就像是故宮的案例一樣，故宮院長是站在文化角度，看到 ALESSI 所設計的產品，當然會覺得這些商品過於表象。

4.2 從紀念品談文化商品化的真實性取捨

Horner（1992）認為，紀念品「真實性」的重要性並不是在於物件本身純正性的高低，而是在於紀念品與個人之間建立起來的關係。「真實性」來自於商品與遊客之間建立的關係，因此，要了解商品的真實性感受，必須了解消費者與商品的互動所形成的體驗，才能了解該體驗會如何影響消費者與商品之間的關係。紀念品的核心價值在於旅行者體驗所賦予物件的獨

特價值,以及旅行者與物件之間的連結,易言之,在文化體驗中的消費,或購物作為文化體驗的一種形式,消費者所尋求的那一份獨特感,不只是來自商品本身的獨特性,而更是因為能夠與商品產生共鳴而獨特,而此一共鳴來自於能夠喚起消費者的經驗或回憶。雖然許多研究都指出,因為旅行者能夠透過購買當地的紀念品作為紀念物,因此有助於防止地方、文化物件與古蹟遭到破壞(McKercher & du Cros, 2002;Timothy, 2011;Swanson & Timothy, 2012)。但是,MacCannell(1973, 1999)卻認為,有些遊客認為非透過購買行為得到的紀念品,反而更具真實性,因為這些物件沒有經過舞台化、或是並非是為了遊客而特別製造的。這樣的說法,說明了商業化與舞台化如何影響消費者的真實性感受,比起那些為了遊客而開發的商品,某些遊客更偏好本來便已存在於體驗中的物件。

「真實性」一詞涉及的領域非常廣泛,在文化商品或文化工業的批判上,文化商品化都隱含著「文化」與「商品」之間的根本性矛盾(施聖文,2011),因此,在觀光產業的紀念品研究中產出了對於紀念品各面向的討論,包括:紀念品真實性(Authenticity)、商品化(Commodification)、消費者行為(Consumer Behavior)、工藝生產、文化產權(Cultural property rights)、禮品(Gift-giving)、商店與零售(Shopping and retail)、紀念品訊息與意義(Souvenir messages and meanings)等範疇的研究(Swanson & Timothy, 2012)。因此,探討文化商

品化與文創商品設計時，應該對文化商品化的「真實性」有廣泛的了解才行。

「文化商品化」的概念已存在很久，從 1948 年德國法蘭克福學派學者發表的著作《啟蒙的辯證》中，就開始對工業化社會中藝術文化商品化的現象提出質疑。

自古至今，人們期待「真實性」能夠在傳統文化與社區價值的保存上發揮作用，無奈，此與商業化利益之間產生了一種似非而是的論調（Cave, Rya & Panakera, 2007）。施聖文（2011）認為文化商品化的模式在現代社會中早已成為常態，然而，為什麼台灣所進行的文化商品化的過程，尤其以族群文化為基礎的狀態下，會如此讓人感到「非文化」呢？究其原因，由於每一種文化都蘊含著人類群體的日常生活，所衍生出來的風貌、儀式、慣習、思維邏輯、行為方式等，都具有其特殊的意涵，加上商品的模式，除了產品的功能外，還需要賦予產品各種符號所創造的商品價值，然而，文化工業的生產偏偏創造出其符號的普同性或是趨同效應，與族群文化格格不入，難怪會導致法蘭克福學派的批判，因為當消費者面對標準化、齊一化的商品，而無法與其原本蘊含的文化產生對話時，自然會感到「非文化」，談到這裡，最終還是回歸到「真實性」的觀點：真實性的感受是來自於消費者透過商品體驗，而感受到真實的。

4.3 文創商品的文化商品化過程

4.3.1 文化商品化過程與消費者

文化創意商品因其文化訊息而具文化價值，因此，透過了解設計師的設計方法與思考模式，可以檢視文化訊息以何種狀態存在於設計商品中，以及其真實性議題如何被看待。施聖文（2011）更進一步指出符號意義在商品價值上往往強過於文化意涵，強調符號的表面，導致消費者對於文化應有的認識，產生失去真實性。林榮泰（2009）曾經在〈文化創意轉換產品設計的屬性〉一文中，對於文化的內涵層次與文化創意設計的意圖提出論述。他主張所謂「文化產品」，係針對文化器物本身所蘊含的文化因素，加以重新審視與省思，就此文化因素尋求其符合現代的新形式，並探求器物使用後對精神層面的滿足。

然而，消費者如何接收這些文化符碼？若以上述邏輯加以思考，文化符碼被轉化後傳遞至消費者，消費者會如何接收這些文化符碼？本人認為，文創商品設計師可藉由擷取文化符碼當作是文化識別，進而從設計師、使用者與產品三者之間的認知關係去理解，我們可以發現，消費者自然可以接收到來自設計師的訊息，進而產生文化意象。

同時，從 Blackwell、Miniard 與 Engel（2006）的消費者決策模式中可以看到，一般商品在接觸消費者時，影響決策的

因素不僅包含了商品本身，也與其環境和消費者的個別差異有關。文化創意商品因其文化體驗的性質，在環境因素與個別差異的牽涉入程度上，又比一般商品要來得高。因此，在文化創意商品的設計過程中，對於訊息傳遞的意義建構上固然重要，但是，在訊息接收者方的意義解讀上更不能忽略，惟有能落實文化訊息的傳遞，文化創意商品的核心價值也才能發揮出來。

4.3.2「創意」、「文化設計」與「消費」之間關連性的理論架構

在這裡，本人再舉出英國里茲都會大學設計學 Guy Julier 教授的主張觀點，證明把「創意」看作是「動詞」的理論基礎與正當性。他在 2008 年撰寫的 *The Culture of Design* 一書中，提出二個重要的主張：

1. 設計文化的領域係由（1）設計師、（2）生產、（3）消費三者共同構成。

2. 設計、創意、包裝行銷的對象，應該包括：（1）物品（Objects）、（2）空間（Space）、（3）形象（Image, Symbol）三個項目。

尤其是 Julier 的第 1 個主張，特別將「消費」列為設計文化的構成元素。還有第 2 個主張，更可以說明「創意」是「動詞」的證明，「創意出」或「創造出」三個東西，分別是物品（或稱為商品）、空間與形象。

　　站在 Julier 的主張，本人進一步發展出一個簡單的理論架
構（圖 4.1），用來闡述「創意」、「文化設計」與「消費」之
間的關連性。因為談到「消費」，當然，本節筆者有必要先
就「消費」的相關理論做一整理如右所列（引自陳坤宏、林思
玲、董維琇、陳璽任，2019）。

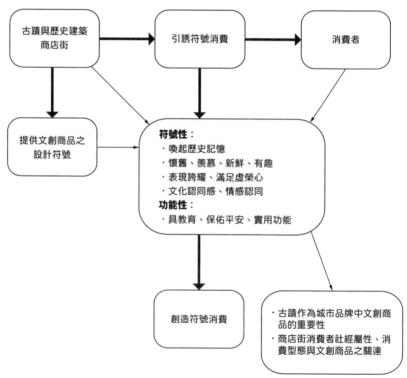

圖 4.1「創意」、「文化設計」與「消費」之間關連性的理論架構圖
資料來源：陳坤宏自行繪製。

學者（年代）	理論觀點	向度
Martineau, P.（1958）	「商店印象理論」商店空間特質與氣氛空間。	空間
Mary Douglas 與 Baron Isherwood（1979）	消費目的有三：人文幸福、精神幸福、表現誇耀。	物質
Daniel Miller（1987）	更積極的「物質文化理論」，消費是一種社會現代文化社會的構成。	物質
Grant McCracken（1988）	消費即文化。	人文
Jean Baudrillard（1983）	「符號消費」商品帶有「文化」的意味，消費與需求的滿足無關。	人文
Mike Featherstone（1991）	「美學消費理論」。	藝術
Doreen Massey（1996）	「移民網絡理論」。	社會
Henri Lefebvre（1991）	「再現空間」。	社會
Edward Soja（1996）	「第三空間」。	社會
Frank Mort（1996）	「消費－社區空間成對關聯」理論。	空間
陳坤宏（2009）	「生活風格」滿足虛榮心。	社會
	自我認同、人文心理的滿足。	社會
	「社經屬性、消費型態與商業設施之關聯」、「文化經濟學」給商店帶來生意。	空間

接著，本人嘗試建立「創意」、「文化設計」與「消費」之間關連性的理論架構，並以台南州知事官邸為案例，即如圖4.1所示。

基於圖4.1，我們可以了解到，所謂「文化設計」的主題、項目與考量因子應該包括哪些內涵（並以台南州知事官邸為案例），如此，才有可能去進行「創意／去創造」的步驟。

（一）物品主題——文化創意商品

項目與考量因子

符號性

· 懷舊、羨慕、新鮮、有趣。

· 表現誇耀、滿足虛榮心。

· 喚起歷史記憶。

· 文化認同感。

· 情感認同。

· 國家／社會認同感。

功能性

· 具教育功能。

· 具保佑平安功能。

· 具實用功能。

（二）空間主題——台南州知事官邸與台南火車站／北門路
　　　商圈

項目與考量因子

環境

・區位具有良好景觀與視野。

・區位具有豐富的歷史脈絡。

・建築物與周邊環境動線及緩衝空間良好，整體感佳。

・區位足以吸引台南火車站／北門路商圈的消費者前來。

建築形式／美學

・造型具歐洲風味，充滿貴族氣派。

・空間感十足，形狀、空間格局、屋頂、迴廊、天花板、
地板、隔間、庭院草坪之設計均優良。

・建築形式讓人期待具有陪襯的使用功能。

・建築形式讓人期待具有令人感動的故事及意義。

・夜間光影效果及氣氛營造佳。

工程技術

・結構與構造足以代表當時建築之力與美。

・建築材料（紅磚）足以象徵該時代的環境背景。

・設備系統充分展現當時的高級技術與空間舒適度。

．古蹟修復的手法與技術符合真實性與現代感。

（三）形象主題——　·（文創商品）符號消費

　　　　　　　　　·（古蹟建築空間與商圈）歷史記憶、
　　　　　　　　　文化意象與消費魅力

項目與考量因子

歷史性

· 文創商品具有歷史性，足以扮演歷史特殊情感延續的角色。

· 古蹟建築空間與商圈具有歷史記憶、文化意象與消費魅力。

真實性

· 文創商品充分反映古蹟建築之真實性。

· 修復後的古蹟建築空間充分反映其真實性。

新與舊的美學辯證

· 文創商品的仿製、聯想與抽象之設計，可以達到新舊美學辯證的目的。

· 古蹟建築空間之修復，可以達到新舊美學辯證的目的。

創意與創產

· 文創商品具有創意，足以吸引生產者投入量產。

．古蹟建築空間與商圈具有消費創意與潛力，足以吸引消
　費者前來觀光，提高地方文化經濟。

上述圖 4.1 的理論架構，與前人研究之不同有二點：

1. 與過去研究只考量老街的空間主題比較，本理論架構增
　加考量物品與形象二項主題。

2. 比國外研究增多了消費者（觀光客）的態度反映及其
　統計分析，也增加了將文化資產景點與城市品牌行銷
　（city branding）結合之探討，這也是本理論架構的特色。

4.3.3「文創商品」的真正意義與「真實性」

●「文創產業」的真正意義

　　所謂「文化創意產業」的宗旨在於：以「文化」（Culture）
為原料，以「創意」（Creativity）為核心，將文化內涵轉化為
產品，這就是「再創造」或「創新」的過程，最後創造產值，
即是「創產」，以上三步驟稱為「三創」（圖 4.2）。所以，我們
可以知道，所謂「三創」，包括：（1）創意（Creativity）、（2）
創新（Innovation）與（3）創產（Industry），例如：成功大學
三創研究中心、台灣大學創新設計學院、台北三創園區、台中
大里文創聚落等。由圖 4.2 可知，真正的「文創產業」，是要能
夠促進經濟與精神的雙重提升才行。

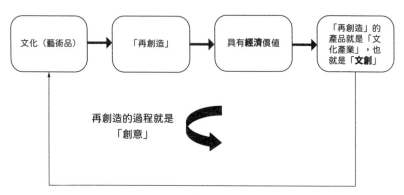

圖 4.2 從「文化」到「文創」的演繹圖

　　從「文化」到「創意」的「再創造」或「創新」的過程，
必要依靠四條件：

　　1. 運用現代化科技→數位系、資工系、教育系、工設系、
　　　　創意產業設計研究所。

　　2. 美學設計→視設系、動畫媒體設計研究所、創意生活設
　　　　計系。

　　3. 時尚理念→文資系、國文系、英語系、戲劇系、音樂
　　　　系、文化創意產業學系。

　　4. 行銷技術→經管系。

　　在我國《文化創意產業發展法》明定的 16 項產業內容及
範圍的基礎上，本人認為文創產業具有三種類型：

　　1. 精緻文化類：視覺藝術產業、音樂及表演藝術產業、工

藝產業、文化資產應用及展演設施產業。

2. 大眾文化類：現代的大眾文化、當代的大眾文化、流行
   音樂與演藝、數位內容與遊戲。

3. 設計文化類：空間設計、視覺設計、產品設計。

根據漢寶德（2014）的觀點，真正「文創」的定義，必須要滿足以下條件：

1. 文創就是文化產業。

2. 加個「創意」，不只是賺錢的點子，還有提高文化內涵
   的意思。

3. 「文創」是可以提高國民文化水準的文化產業。

4. 「文創」是提升文化的一種手段。

本人非常認同漢寶德的觀點，如此終於可以讓莫衷一是、隨人定義的「文創」，開始有一個比較足以服人的定義。依此一定義，讀者不妨看看以下所列的商品、景點、園區、博物館、美食，是否符合真正「文創」的定義？（請讀者回答）

・赤崁樓魁星爺「祈願牌」文具組合　Yes or No?

・嘉邑城隍廟「搖錢數」　Yes or No?

・北門水晶教堂　Yes or No?

・布袋高跟鞋教堂　Yes or No?

・華山文創園區　Yes or No?

　・奇美博物館　Yes or No?

　・安平周氏蝦捲　Yes or No?

　・安平陳家蚵捲　Yes or No?

●「文創商品」的「真實性」

　　以下列舉台南限定的古蹟餅乾為例，說明「文化商品化過程」、「消費者」與「真實性」三者的關係，並讓讀者思考且論證其是否為「真實」？是否符合真正「文創」的定義？

案例一：「成功洋芋片」（照片 4.1）

　　包裝袋正面上，鄭成功說：「一定要成功」，背面沒有介紹延平郡王祠。

照片 4.1 成功洋芋片（正面）
資料來源：台南市政府文化局提供。

案例二：「至聖點心麵」（照片 4.2）

包裝袋正面上，孔子說：「讀書要用點心」，而且寫上「一定要致勝！！」，背面放上「禮門」、「義路」的照片，同時介紹孔子的偉大生平。

案例三：「天后豌豆酥」（照片 4.3）

包裝袋正面上，天上聖母媽祖說：「凡事都有好結果」，而且寫上「一定要保佑！！」，背面放上台南大天后宮籤詩：「財積如山人共羨，無限榮華從此始，一帆順境誰能及，前途一片風光好。」，同時介紹台南大天后宮的歷史並放上照片。

照片 4.2 至聖點心麵（正面、背面）
資料來源：台南市政府文化局提供、陳坤宏拍攝。

照片 4.3 天后豌豆酥（正面、背面）
資料來源：台南市政府文化局提供、陳坤宏拍攝。

案例四:「赤崁魁星餅」(照片 4.4)

　　包裝袋正面上,魁星爺說:「逢考必中‧一試成名」,而且寫上「狀元及第」,背面放上赤崁樓文昌閣的照片,並且介紹其歷史,同時介紹「魁星」與 28 星宿中之「奎星」的位置與典故。

案例五:「惡靈退散」(照片 4.5)

　　包裝袋正面上,家將說:「賀!」、「一定要乖乖!!」,背面放上家將的照片,同時介紹「家將」與「七爺八爺」的由來與職司功能。

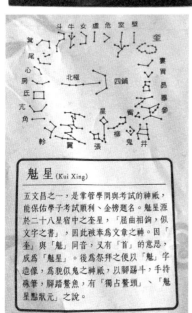

照片 4.4 赤崁魁星餅（正面、背面）
資料來源：台南市政府文化局提供、陳坤宏拍攝。

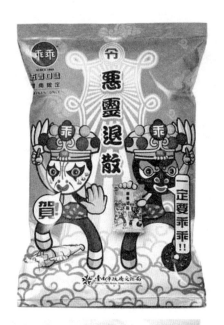

家將

神明駕前的專屬部將，負責保護主神並執行驅邪、逐疫、緝捕鬼煞的任務，如同「警察」一般，於民間為民除害、勘查秩序。

七爺八爺

謝將軍、范將軍為臺灣八家將系統中最具代表性的神將，其特徵分別為白底蝙蝠面、黑底猴面，除了七爺八爺恩情義重的故事於民間廣為流傳外，在家將文化裡，更能藉由七爺八爺的扮演，看出家將團的儀式、莊嚴及神祕性，可見其對民間信仰的重要性。

照片 4.5 惡靈退散（正面、背面）

資料來源：台南市政府文化局提供、陳坤宏拍攝。

以上列舉的五項台南限定的古蹟餅乾，具有共同點如下：

1. 經過文化商品化過程：這些產品是由台南市政府文化局
   委託國內廠商進行生產與製作，包括聯華食品（卡迪那
   洋芋片、可樂果、滿天星星星脆）、優雅食公司、乖乖
   公司。

2. 台南限定：這些產品只限於台南市的古蹟販售，在別的
   商店或其他都市是買不到的。

3. 除了成功洋芋片外，其他四樣產品都有在包裝袋上介紹
   古蹟、廟宇與人物的由來、典故與生平，因此，理論
   上，已經符合了「真正的文創產業」的定義，能夠達到
   同時促進經濟與精神的雙重提升的要求。因為台南市政
   府因販售產品有了經濟收入，消費者不只是吃到餅乾，
   同時也認識了古蹟的緣故。

4. 與這本書第 3 章的論點與結論是一致的：「具有洞見的」
   觀光客是有助於尋找「真實性」，因為「具有洞見的」
   觀光客建立在尋求真實性、感知與個人觀點的基礎上，
   代表遊客從他們的相遇中獲得充滿情感與價值的個人見
   解與聯想，這正是參觀文化遺產的三個體驗式／情感式
   過程，也是三個不同的心理過程。

● 重新以「商品—文創—經濟」的綜效性，思考台灣的創意
空間

　　誠如陳坤宏、林思玲、董維琇、陳璽任（2019）在《創意
文化空間‧商品》這本書中所說，作為「動詞」的「創意」，
就是要「創造出」二個東西：一個是「文化空間」，另一個是
「文化商品」，可見「文化空間」與「文化商品」，二者互相依
存與共生。因此，此處重新以「商品—文創—經濟」的綜效
性，思考台灣的創意空間，自有其道理。

● 以「文創經濟鐵三角 —— 科技、創意與文藝」為經，以
「商品—文創—經濟」的綜效性為緯（引自陳坤宏、林思
玲、董維琇、陳璽任，2019）

　　筆者陳坤宏撰寫《創意文化空間‧商品》這本書的第 5 章
時，開宗明義就主張：論及文化創意經濟政策方案的評估，
所謂（1）科技、（2）創意與（3）文藝，乃成為必要的「文
創經濟鐵三角」，成為評估架構中不可或缺的目標，甚至準
則。因此，我們必須重新以「商品—文創—經濟」的綜效性
（Synergies）為主軸，思考台灣的創意空間。一言以蔽之，本
人將以「文創經濟鐵三角 —— 科技、創意與文藝」為經，以
「商品—文創—經濟」三者互動產生的綜效性為緯，共同探索
創意空間中的文創商品。

1. 以「文創經濟鐵三角——科技、創意與文藝」為經

1970 年代起，人們並不滿足於親人性設計，轉而追求產品的趣味性，而興起所謂的趣味造形。1990 年代，科技快速發展，變成多樣少量的生產，消費者的求新求變，促使設計師追求個性化的新奇造形。進入 21 世紀的數位科技世界，以「人性」為本的設計更加重要，注重情感或情意的設計成為設計的主流，即所謂感性造形。有鑒於此，林榮泰（2005）就主張：未來的設計師需要把設計思考的內涵，從過去以科技為中心的技術領域，轉換成以人文與文化為中心的感性心境，將使用者的情感加入產品設計，形成使用者與產品之間的互動。他進一步指出，從科技產品轉換為文化產品開發的模式，過去的「設計、市場與製造」三者是架構在科技背景下，而現在的「設計師、使用者、製造商」三者是架構在文化背景上，其差別是後者多了「人性」的考量。因此，科技產品與文化產品的轉化關鍵是文化因素。

那麼，如何設計文化產品呢？林榮泰（2005）根據簡單的文化空間架構，把產品設計時所需考慮的設計因素，區分為文化產品的三個設計屬性：（1）外在或外形層次，包括色彩、質感、造形、表面紋飾、線條、細節處理、構件組成等屬性；（2）中間或行為層次，涵蓋功能、操作性、使用便利、安全性、結合關係等屬性；（3）內在或心理層次，包含產品有特殊含意、有故事性、有感情，且具有文化特質等。舉幸福甜甜圈

為例來加以說明——科技的人性加值。幸福甜甜圈是一個記錄家庭歡樂的視訊產品，主要的創意是以大家熟悉的甜甜圈作為設計造形的基礎，導入尖端的資訊科技，再把人們企求「幸福」的人性，「甜甜」蜜蜜地「圈」起來，這也是這個作品想要訴求的重點——加入人性的科技。平凡的造形結合科技，外圈是硬體設備藏身的地方，中空的內圈變成了顯示幕，就因為把「人性」注入「科技」而活了起來，也成為家中擺設的裝飾品。

未來的產品設計將會呈現什麼樣的面貌呢？可以預見地，設計師、企業與學院派都將面臨「經濟全球化」的衝擊，因此，如何結合文化發揮設計創意以及營造特色，以面對「全球化」的挑戰，將是未來台灣開發文化創意商品設計的首要課題。另外，綜觀近年來國內外文化創意經濟的發展與變遷，科技加上創意，再加上文藝觀點，正是文化創意經濟能夠成功的不變通則，也將會是人類社會追求的普世面貌。蘋果公司創始人賈伯斯（Steven Paul Jobs）主張高科技導入美學與簡約之設計理念，終於引領全球風潮，進而大大改變人類生活，只要科技先鋒加上文創的感受，必定能擷取廣大的應用科技市場。這或許也將會是未來產品設計呈現的面貌。

這正是此處筆者提出以「文創經濟鐵三角——科技、創意與文藝」為經的道理所在，值得讀者深思。

2. 以「商品─文創─經濟」的綜效性為緯

　　陳潔瑩（2012）首先提出「國際觀與文化觀」，作為文創商品設計如何在「經濟全球化、生活地球村」的衝擊下，一致化的國際風格與缺乏地區性的文化特色應該如何適度調整，很重要的一個論述基礎。二戰之後出現「國際主義」設計風格（International Style）帶動下，全世界的產品設計都呈現高度理性化、極簡約的造形風格，正好符合國際性生產公司行銷至世界經濟圈的需要。然而，到了 1970 年代以後，設計師與消費者逐漸接受「後現代主義」設計風格，運用了各種歷史裝飾符號以及傳統的文化脈絡，融合到現代產品設計之中，以裝飾手法滿足消費者視覺上的美學愉悅。事實上，相信大家普遍都會認為，「後現代主義」（Post-modernism）設計觀所強調的「文化符號的產品設計」，將成為當代西方設計多元化思潮的必然趨勢，同時也會帶動其他國家或地區進行轉變。就舉台灣為例，2007 年台北故宮與義大利 ALESSI 公司合作發表「當東方故宮遇上西方 ALESSI」，該公司的設計師為故宮全新創作「The Chin Family─清宮系列」，以乾隆皇帝年輕畫像為靈感，設計一系列充滿清朝貴族王室與中國符碼意喻的文創商品，一時造成時尚風潮，為故宮賺取極大的經濟收入。由此看來，「The Chin Family─清宮系列」的產品，具備「文化」、「創意」與「經濟」三項要求，完全滿足以「商品─文創─經濟」的綜效性為緯的設計宗旨，因此，可說是一個成功的案例。

　　林榮泰等人（2009）也針對「國際觀與文化觀」提出主張，認為近年來消費者開始喜愛個性化、差異化、能夠表現文化特色的產品，進而藉以尋求文化認同，例如日本風、德國風、義大利風、北歐風、中國風、南洋風等，這也正說明在全球化下產品設計「同中求異」的趨勢。從各國歷史來看，其實產品設計的「國際觀與文化觀」始終是交錯出現，並非在時間點上是那麼截然區隔的。

　　陳璽任（2019）是上述《創意文化空間・商品》這本書第3章的撰寫人，在以「商品—文創—經濟」的綜效性為緯此一議題上，也有相當精闢的觀點。他說何謂「文化創意產品」？可以拆成「文化」、「創意」、「產品」三部分來看，當此三者彼此關連，核心交集即是文化創意產品。另外，他亦主張，在人類對於「產品」的認知三個層次中，本能層次與反思層次對文化創意產品來說，更為重要，而非行為層次，原因在於，文化創意產品主要目的並非提升使用性或效率，而是透過產品來呈現、標記、喚醒文化的特色與記憶。產品作為文化的載體，是消費者的記憶與文化之間的橋樑。最後，陳璽任認為，在文化創意產品的開發上，應該對本能層次與反思層次有更深入的著墨。關於這一點，頗值得讀者深思。

● 服膺於以「文化設計」為核心價值的「創意空間」與「創意商品」

前一段林榮泰、陳潔瑩、陳璽任等三人提出「文化導向設計」的觀念，我深表贊同，所以，所謂以「文化設計」為核心價值的「創意空間」與「創意商品」，應該是要被當今設計師與消費者共同服膺的一種設計風格或信仰。在上一段，我提出「創意」、「文化設計」與「消費」之間關連性的理論架構（見圖 4.1），就已經清楚表明我所堅定支持的論點。記得漢寶德教授曾經說過：「唯有能夠提升國民的文化水準的創意，才是真正的文創。」最後，我就以嘉邑城隍廟搖錢數與老北京兔兒爺兩個文創商品（照片 4.6、照片 4.7），作為這一節的收尾。因為它們在商品的包裝上透過文字介紹，告訴消費者有關嘉邑城隍廟財神爺與老北京兔兒爺的文化典故與歷史脈絡，所以說「有文化」；產品設計又能夠表現出文化特色、個性化與在地性，所以說「有創意」。總之，這二件文創商品，既「有文化」又「有創意」，文化與創意兼具，當然可以成為優秀的「文化創意產品」。

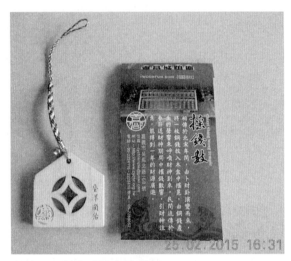

照片 4.6 嘉邑城隍廟搖錢數
資料來源：陳坤宏拍攝，2015 年。

照片 4.7 老北京兔兒爺
資料來源：陳坤宏拍攝，2016 年。

4.4 老屋再利用案例

為了探討「文創空間／商品與真實性的取捨之間的關係」，本人設計了訪談題目，選定台南中西區老屋再利用的個案，進行半結構式訪談。

訪談題目：老屋作為一個文創空間，您是否期待把它加以商品化或（西方）現代化？是否也想過把它當作是讓遊客找回失去的東西的一個源頭？或者想反映台南（或台灣）社會的哪些變遷？是否也希望消費者能從中找到什麼樣的真實性呢？

訪談商家：1. 十平

2. 猫への手紙─寫信給貓

此處先回顧一下第 2 章若干學者的論點，這些論點是與「文創空間／商品與真實性的取捨之間關係」這一點有關連的，包括：

- Cohen（1979）主張：異化疏離與對真實性的追求似乎是正相關。由此可見，知識分子與其他更異化的人將比大多數社會大眾成員更追求更嚴肅的真實性，而不那麼異化也就不太關心的人，包括大多數普通遊客將滿足於更廣泛、更不嚴格的認證標準。

- Asad（1973）與 Fabian（1983）都記錄了 19 世紀人類學的出現，是如何與殖民主義的合法化產生關連，或許，重

新發明新的土著傳統與再東方化他者，應該是西方工業國家的特徵吧！MacCannell（1976）在他對於觀光動機的分析中，解釋了遊客在這樣的後現代主義觀點下，建構了對「真實性」的追求（Cohen, 1988）。

● Silver（1993）主張：欲探討第三世界國家或地區的「真實性」是如何被觀光客建構起來的此一問題，必須從一些角度切入，進行論證，包括：西方意識、西方人的想像、後現代社會的異化、殖民主義、當地部落的社會變遷等，如此才能夠讓我們看清楚觀光客要的「真實性」到底是什麼？是土著人民「原汁原味」的真實性？還是「經過舞台設計、包裝過」的真實性？

4.4.1 案例一：十平（照片 4.8、4.9、4.10）

根據十平老闆受訪的回答，可以提供我們用來探討「文創空間／商品與真實性的取捨之間關係」，根據理論角度，將「受訪者文本」（或稱為故事文本）發展為「研究者文本」。首先，從訪談答案中整理出開放式編碼（open coding）——即：標籤化、賦予名稱、概念化，接著檢視這些答案與上述學者的論點是否具有一致性？又有哪些差異？十平老闆受訪逐字稿的開放式編碼主要包括：老屋翻修、小小長長的小店、台南人的人情味、台南的故事、老屋年代久遠、建築樣式多元化等。

照片 4.8 十平正面入口
資料來源：蘇郁珺拍攝，2021 年 9 月。

照片 4.9 內部用餐空間
資料來源：蘇郁珺拍攝，2021 年 9 月。

照片 4.10 老屋翻修，重複使用舊建材
資料來源：蘇郁珺拍攝，2021 年 9 月。

● 相同之處

1. 把它當作是讓遊客找回失去的東西的一個源頭，同時希望消費者能從中找到真實性。

我發現毛屋的客人和十平的客人重複性非常高，這些客人都懂得生活、享受生活、分享生活，這些人對台南老屋、台南生活、台南街廓和文化特別有興趣，安排台南旅遊時也常是三天起跳，甚至七天，都會想要慢慢感受台南氛圍，不是蜻蜓點水式的旅行方式，因為台南被留下來的東西非常多，值得慢慢觀察發現。另外，我認為大家來台南也是感受人與人之間的人情味，我也常覺得台南人都會互相幫忙，這也是我覺得和我過去生活的台北、大城市非常

的不同。來到台南之後，我發現很多台南人都是賺得夠用就好，會用更多時間來陪伴家人，因此人和人的連結性非常強，人情味也特別重。

會有「保留」的念頭是因為覺得這樣的房子很漂亮，狹長型的結構在台南很多，但在台北很少，再加上非常喜歡這棟老屋的外牆立面。這樣狹長型的店就會讓我想起在日本的小店，都小小長長的，加上之前去日本旅行，印象深刻有一間小店叫做「愛雅」，也是這樣小小長長的小店，築地市場工作的人都會在那邊喝咖啡、看報紙、吃一顆水煮蛋當作早餐，……。

台南有許多老房子也會讓我很有畫面，我都會想像他們五十、六十年前的樣子，心裡就會想說如果這些房子可以被整理起來、繼續延續下去那該有多好，而每一間老房子都是不一樣、獨一無二的。

我認為如果要翻新，就直接找新大樓就好了，沒有必要再找一個……（閒置許久、破損嚴重的老屋），因此我認為這不算是翻新，頂多只算翻修，延續它未來五年、十年之後還能繼續使用的狀況。

● 相異之處

1. 關於「老屋作為一個文創空間，您是否期待把它加以商品化或（西方）現代化？」這一點，顯然十平老闆與西方學者的觀點是不一致的。

老屋的保留能夠讓人看到過去歷史的模樣，我不希望老屋總是被改成「文青風」，而是要保留老屋自己的模樣，過去常有人說只要租個老宅做生意就可以賺錢，我覺得這樣的想法是非常不好的，因為他們有可能會過度包裝、過度改變老屋，就像是畫上 3D 彩繪 HELLO KITTY，如同神農街就已經被扭曲了，勢利眼的房東，讓老屋被放進夾娃娃機，有時候台灣人就是愛錢，就會忽略文化的本質，不會在意整體的市容、社會責任。

台北老屋例如日式老屋青田街、閩式老屋大稻埕，因為台北土地寸土寸金，因此都已經非常商業化了；台中老屋較多洋房；我認為台南老屋最大的特色是老屋年代非常久遠、建築樣式非常多元，且很多建築都有精緻的裝飾等。

2. 十平老闆並未談及「『真實性』是如何被觀光客建構起來的呢？」此一問題。

4.4.2 案例二：猫への手紙—寫信給貓（照片 4.11、4.12）

　　根據猫への手紙老闆受訪的回答，可以提供我們用來探討「文創空間／商品與真實性的取捨之間關係」，根據理論角度，將「受訪者文本」（或稱為故事文本）發展為「研究者文本」。首先，從訪談答案中整理出開放式編碼（open coding）──即：標籤化、賦予名稱、概念化，接著檢視這些答案與上述學者的論點是否具有一致性？又有哪些差異？猫への手紙老闆受訪逐字稿的開放式編碼主要包括：老屋空間的氛圍、老屋的符碼、老屋的象徵、真實性的故事、與台南的連結、情感的連結、物質的象徵、認同性等。

照片 4.11 猫への手紙一樓空間
資料來源：蘇郁珺拍攝，2021 年 9 月。

照片 4.12 手作課程工作坊
資料來源：蘇郁珺拍攝，2021 年 9 月。

● 相異之處

1. 關於「老屋作為一個文創空間，您是否期待把它加以商品化或（西方）現代化？是否也想過把它當作是讓遊客找回失去的東西的一個源頭？」這一點，顯然貓への手紙老闆與西方學者的觀點是不一致的。

這個老屋已經經過前屋主的整修，一樓的空間基本上裝潢類的例如牆面、軌道都是之前屋主整修之後保留的，因為前屋主經營的藝廊，因此大範圍牆面的刷白，裝設軌道燈、畫架等，這些我們都用得上，因此就都有保留。我們主要是放置可動的物件，櫃子、桌子等等，原則上前屋主的整修裝潢都符合我們使用，因此我們幾乎沒有在做任何

結構上的改變。

選家具的時候會特別找符合老屋空間的氛圍，例如木頭、竹子等素材。新的和舊的很明顯，因此也會常選用二手家具，都是能夠融入這個老屋空間。前屋主從閒置的老屋中著手整修，感覺前屋主用了非常多心力整修這個老屋。

2. 關於「老屋作為一個文創空間，您是否想反映台南（或台灣）社會的哪些變遷？」這一點，猫への手紙老闆似乎並無此想法。

我認為要像是五條港、神農街、新美街那樣的確有跟當地的歷史地理和特色有連結，像五條港老屋有二樓能夠拋接貨物等，有留下明顯歷史的軌跡和連結。像我們這樣的老屋，比較像是生活的軌跡，而各地都會有生活的軌跡，例如鑲在牆壁裡的櫃子等，我認為大家對老屋的印象都是透過象徵性的物件，因此，除非很明顯是歷史街區，不然我認為很難感受到和台南有關的連結，因此它就是「一棟老屋」，而不會特別認為是「台南的老屋」。

3. 關於「是否也希望消費者能從中找到什麼樣的真實性呢？」這一點，顯然猫への手紙老闆是抱持否定的態度。

因為後來藝廊整修後有經營需要，許多屋裡裝潢都已經大
幅更動了，因此就較少留下最初的痕跡，我會知道也是因
為他們回來過，不然我也不會知道，但就會是抽象、口傳
的故事，而來這裡的客人也較少會主動問起，因此真實性
的故事就較少再傳下去，因為比較少實際的物品、物件能
夠讓客人有連結。

第 5 章
真實性、多樣性與地方感

5.1 真實性與多樣性

5.1.1 多樣性—創意性—創新與經濟成長三者之關連

　　全球化潮流下，文化創意產業已成為各先進國家提升經濟產值以及復甦都市再生的重要策略，英國是全世界最擅長運用創意產業的國家，2002 年創意產業產值為 1,125 億英磅，佔 GDP 的 8%，並創造 132 萬的就業人口，所佔比例為 6.64%，出口值為 115 億英磅，佔總出口值的 4.2%，成為全世界推動文化創意產業成績最顯著的國家。美國表現其次，分別是佔 7.8% 與 5.9%，西班牙創意產業產值佔 GDP 的 4.5%，而紐西蘭、澳洲、新加坡、香港，分別佔約 3.5% 與 4.0% 左右，韓國則佔 6.09% 與 2.09%，而台灣是 2.8% 與 1.7%（以上諸國，前者百分比是指佔 GDP 的比值，而後者為佔總就業人口的比值），2012 年台灣文創產業產值已達 6,654 億元，未來仍有相當大的努力空間。根據聯合國公布的「2008 年創意經濟報告書」顯示，1996 年全球創意商品國際出口貿易總金額是 2,274 億美元，2005 年是 4,244 億美元，每年成長率是 6.5%，足見創意經濟的重要性（引自陳坤宏、彭渰雯、洪綾君、林漢良、趙子元、洪于婷、陳亮圻、陳璽任，2020）。

　　關於「多樣性—創意性—創新與經濟成長三者之關連」的

論述，本人列舉以下四位學者的觀點加以論證。

● Jane Jacobs

美國著名女性都市計畫學者 Jane Jacobs 在她的世紀經典名著 *The Death and Life of Great American Cities*（1961）裡曾經說過：「無趣、沒有活力的城市，事實是因為自身埋藏了走向毀滅的種子。……而活力、多樣、緊湊的城市，具備了處理問題的充足能力，因此保有不斷再生的種子。」她在這本書中，首度提出一個城市地景需要多樣使用的要求，從此，它乃成為都市規劃界最具影響力的觀點，因為她認為一個多樣化的城市，不同使用功能之間彼此持續地互相支援，將會促進經濟與社會的多樣性。她奉勸規劃者避開抽象的理想型城市模型（例如美麗的放射狀花園城市），回到真實的都市中，看看人們喜歡擁擠、與陌生人的多元互動、短而美的街道以及混合的土地使用。Jacobs 後來在她的其他著作中，一再主張「多樣性」不但讓都市變得更加動人，而且成為經濟生產力的泉源。

Jane Jacobs 在她的另一本名著 *The Economy of Cities*（1969）中，探討一個城市的新工作是如何開始的呢？提出了一個簡明易懂的邏輯方程式：D+A → nD，D 代表勞動分工，A 代表經濟活動，nD 代表新的勞動分工。她說，在人類歷史上，新的工作總是會很自然地被增加到原先特定的舊工作之上，而原先的勞動分工，因為新的經濟活動加入而產生新的勞動分

工，在這個過程中，所謂「創新」（innovations）被創造出來，城市的工作也變得更「多樣化」（diversification）與「分殊化」（differentiation），終於讓農村、城鎮變成了大都市，城市經濟也成形了。她舉出東京為例，如何從早期腳踏車修理的小店舖開始，逐漸發展成為腳踏車製造業的輕工業。另外，在新舊工作的疊加過程中，Jacobs 提出了「靠著增加新工作來保存舊工作」的想法（Conserving old work by adding new），她舉《紐約時報》報導日本和服為例，當西方女裝受到日本女人喜愛之際，和服並未消失，反而透過新型簡單化的設計風格、使用人造纖維與新材料以及搭配拉鍊與傳統敬神的裝飾物，讓和服更容易穿著、穿得更舒服，也更容易保養，因此，它在日本年輕族群中更普遍受到歡迎，易言之，和服就因此被保存下來，而可以因應另一種生活需要。

Jacobs 在這本書中，探討一個城市的成長是如何開始的呢？她說胚胎學說有兩種爭論──「Preformation」（預先成形論）與「Epigenesis」（起源蛻變論），前者相信胚胎的成長是在既有的狀態下加以擴大的過程，而後者主張胚胎的成長是從最初尚未分化的實體中，逐漸多樣化與分殊化的過程，二者抱持不同的論點。Jacobs 選擇主張「起源蛻變城市理論」（Epigenesis）：一個城市的成長是在經濟上逐漸多樣化與分殊化的過程，從極小的或可能完全沒有的最初的出口工作或供應商開始。她說，如果這個主張是正確的話，那麼，我們經常

說的：「一個城市的成長與一個沒有活力的城鎮或村莊有很大的不同」此一觀點，便可得到證明。她舉底特律（Detroit）為例，一開始只是麵粉買賣的店舖、磨粉廠機器與修理，經過引擎製造、銅器進口，到了 1880 年代，生產出更多的出口商品，彌補部分產業的消失，最後成為世界著名汽車工業城市。她又舉伯明罕（Birmingham）為例來說明，工業革命後，由於附近發現煤礦，城市迅速發展起來，成為當時鐵路、蒸汽機與船舶的製造中心，是工業與金融中心，伯明罕鑄幣廠是世界上最早的獨立造幣廠。英國 25% 以上的出口產品是在伯明罕區域製造的，目前經濟已經邁向第三產業轉移，從最早的「煤都」，逐漸轉型蛻變成為今天的金融業與旅遊業重鎮。以上底特律與伯明罕的都市發展歷程，就是一種胚胎式「Epigenesis」城市的成長理論。

根據 Jacobs 的邏輯：D+A → nD，論證或解釋一個城市的形成與城市經濟的發展，應該是具有說服力的。因為在新舊工作的疊加過程中，多樣化與分殊化的產業型態必然發生，人類的創意與創新乃因應而生，最終創造了區域創新與經濟成長，至此，「多樣性」—「創意性」—「創新與經濟成長」三者之關連，於焉形成。Jacobs 在她的 *The Economy of Cities*（1969）這本書中最後一頁的最後一句話，似乎最能夠闡明她對於城市發展理論的詮釋，本人也非常喜歡這句話，她寫著：「*They will add new work to older work*」。

● Richard Florida

他在 2002 年所寫的 *The Rise of the Creative Class* 一書中，聲明：「地方（Places）已經取代公司，而成為經濟中具關鍵的組織單位」。後來他的研究發現，「地點」（Place）對當今每個人生活的重要性，而其重要性是來自於「創意經濟」，Florida 自此即可將他的「創意理論」與「城市地方經濟」彼此關連起來。他的研究結果顯示：「世界是平的」此一神話並非事實，全球多元化與分殊化造成城市經濟結構已大不同，選擇「居住地點」也決定了人們的「幸福」。個性開放者群聚是區域創新及經濟成長的驅動因素。「開放」與兩個特別的因素有關：一是「美感」，二是「好奇心」。區域創意及創新與多元化、活力以及開放有關，但與社會資本無關。

由此看出，Florida 與 Jacobs 具有相同的主張：「多樣性刺激創造力，進而提升創新與經濟成長」。只是 Jacobs 特別把實質空間與經濟、社會多樣性加以連結起來，讓一個都市的實質結構的差異性與各種空間型態得以產生。

● Iris Marion Young

身為一位哲學家，Young（1990）維護她提出的「差異的政治性」（the politics of difference）概念時，關注於將城市看作是各種「差異」能夠蓬勃發展的集合場所。相較於 Jacobs 與 Florida，Young 比較不關注經濟成長的議題，她把注意力放在

社會公平性是否達成這件事上。她主張都市異質化，反對特定的鄰里社區被單一族群或團體所主宰，鄰里之間的界線不一定需要很清楚劃分。一個都市出現不同族群的互相融合，有時候是因為人們多重使用社會空間所造成的，這將讓都市空間變得有趣，把人們從家裡帶進公共空間中，給人們帶來快樂與驚奇以及活動的多元化。

● **Leonie Sandercock**

都市計畫理論學家 Sandercock（1997）界定她的理想型化城市——「國際城市」（Cosmopolis）時，與 Young 一樣，認為「都市多樣性是一個公平城市的基礎」。在她的理想城市中，是要允許來自不同族裔與種族背景的人們，都能夠具有平等的權力使用都市空間，需要一個人們在開放多元的空間中，又能保有「匿名的樂趣」，她期待都市計畫的功能，應該超越效率與公平的目標，還能提供都市居民樂趣。

由以上四位學者的論點，我們可以看出，都市規劃者大都被委任要執行多樣性的任務，但似乎又做不到。一個有用的辦法是：分析當今對現代主義的批評，然後進一步提出強調多樣性的需要。這一點將於第 6 章第 5、6 節加以說明。

5.1.2 多樣化城市的目標在於尋找「真實性」

最近年來，「多樣性」（Diversity）已經成為都市計畫的新

正統,「多樣性」也已儼然成為都市規劃者的新指導原則。都市政策的兩個主要目的——刺激成長與達成公平,此時,欲滿足此二目的,能夠確保「多樣性」將是關鍵所在。循此一觀點,「多樣性」可以吸引人力資本、激勵創新,以及保障各類不同族群的公平機會,因此根據這個邏輯,一個城市的競爭優勢以及是否能夠獲得經濟上的成功,則有賴於在社會與經濟基礎以及建成環境中,來提升其「多樣性」。

上一段提到「多樣性」可以保障各類不同族群的公平機會,與 John Rawls 所要的理想境界——要求具不同自然能力的人都有取得社會地位的平等機會,其意旨是一致的。又根據 Fainstein(2005)的論點,一個都市規劃者有責任創造「城市的多樣化環境」,讓各類不同族群的人們發揮「能力、價值」與智慧,以及參與公共事務的公平機會,最後,一個「公平城市」於焉誕生。我把 Fainstein 的此一論點,簡化成為以下的邏輯:「都市多樣性」(Urban diversity)→「價值力」(Capacities)→「公平城市」(Just city)。我認為,對於市民而言,或許能夠擁有一個「公平城市」,那才是最真實的。至於都市多樣性、價值力與公平城市的誕生三者之關係,容於第 6 章第 4、7 節中,再予以詳細說明與論證。

5.1.3 老屋再利用案例

為了探討「真實性與多樣性之間的關係」,本人設計了訪

談題目，選定台南中西區老屋再利用的個案，進行半結構式訪談。

訪談題目：您認為，您的老屋具有哪些多樣性呢？又有哪些創意性呢？是否會因此生意更好呢？如此老屋多樣化的設計與改造，是否希望消費者能從中找到什麼樣的真實性呢？

訪談商家：1. 十平

2. 猫への手紙—寫信給貓

5.1.3.1 案例一：十平（照片 5.1、5.2）

根據十平老闆受訪的回答，可以提供我們用來探討「真實性與多樣性之間的關係」，根據理論角度，將「受訪者文本」（或稱為故事文本）發展為「研究者文本」。首先，從訪談答案中整理出開放式編碼（open coding）——即：標籤化、賦予名稱、概念化，接著檢視這些答案與上述學者的論點是否具有一致性？又有哪些差異？十平老闆受訪逐字稿的開放式編碼主要包括：老屋翻修、小小長長的小店、台南人的人情味、台南的故事、老屋年代久遠、建築樣式多元化等。

綜整十平老闆受訪的回答，其結果如下：

● 關於「您的老屋具有哪些多樣性呢？又有哪些創意性呢？」以及「如此老屋多樣化的設計與改造，是否希望消

照片 5.1 保留老屋原有煤油燈與開弓器
資料來源：蘇郁珺拍攝，2021 年 9 月。

照片 5.2 老屋翻修，混搭新舊建材
資料來源：蘇郁珺拍攝，2021 年 9 月。

費者能從中找到什麼樣的真實性呢？」這二點，老闆是抱持完全肯定的態度。例如：

◆ 老屋再利用加入自己的創意。

門弓器（日本京都的發現）、煤油燈（自己的喜好）、隘子（自己小時候阿嬤家的記憶）、關廟在地師傅的藤編（太太喜歡，也是台南文化）。

◆ 保留老屋的原樣，盡可能不做改變，或許能夠讓消費者從中找到老建築的真實性。

當初店還在裝潢，還沒開始營業，曾有自稱國華街開店的人經過這裡，建議我用整面 HELLO KITTY 做外牆的 3D 彩繪，會吸引很多遊客到這裡拍照，但那不是我要的，我連要做防熱漆，但會改變外牆的顏色，最後還是決定不要，還是想要保留老房的原樣，儘管不顯眼，但我認為「如果你是一個細心的人，你就會發現，沒發現的人就是過客，走掉就好。」

當初認為是只要可以留就留，除非不能用了才不留。當初房子的屋頂、夾層全部塌陷，這部分不能繼續使用，我們就做仿舊及換新。玻璃也是經過四十多年的風吹日曬破

損，找木工師傅重新拆下來整理再製，原本的門也都重新上油、做保養，立面結構也是，包括原本牆上殘存的「開工大吉」字樣，開關、插座等也都保留著，因為我們認為這是原本屬於這房子的東西，……

上述老闆對於保留老屋原有建築元素以及對於多樣性的堅持態度，符合 Jacobs（1961）的主張——「無趣、沒有活力的城市，事實是因為自身埋藏了走向毀滅的種子。……而活力、多樣、緊湊的城市，具備了處理問題的充足能力，因此保有不斷再生的種子。」她在 *The Death and Life of Great American Cities* 這本書中，首度提出一個城市地景需要多樣使用的要求。同時，老闆的態度也與 Fainstein（2005）的論點——多樣化城市的目標在於尋找「真實性」，是一致的。

● 關於「您的老屋具有多樣性與創意性，是否會因此生意更好呢？」這一點，老闆抱持否定的態度。

我不會用因為十平是老屋而讓「生意更好」，因為要賺更多錢，留在台北就好，但我認為「好」，是因為十平是老屋的關係，而吸引很多原本不會來這裡吃飯的人，也有許多歷史、設計、建築相關背景的人，也有大學建築系教授帶學生來這裡吃飯，然後一起分享老屋的事，也會有做建築的、設計的人來這裡，他們通常第一件事情就是抬頭看

天花板，一直看結構，這裡會有各式各樣追求各自領域中
美感的人，因此，我認為老房子為我帶來了許多不同客群
的人。

5.1.3.2 案例二：猫への手紙—寫信給貓（照片5.3、5.4）

　　根據猫への手紙老闆受訪的回答，可以提供我們用來探討
「真實性與多樣性之間的關係」，根據理論角度，將「受訪者文
本」（或稱為故事文本）發展為「研究者文本」。首先，從訪談
答案中整理出開放式編碼（open coding）──即：標籤化、賦
予名稱、概念化，接著檢視這些答案與上述學者的論點是否具
有一致性？又有哪些差異？猫への手紙老闆受訪逐字稿的開放
式編碼主要包括：老屋空間的氛圍、老屋的符碼、老屋的象
徵、真實性的故事、與台南的連結、情感的連結、物質的象
徵、認同性等。

　　綜整猫への手紙老闆受訪的回答，其結果如下：

● 關於「您的老屋具有哪些多樣性呢？又有哪些創意性
　呢？」這一點，老闆抱持肯定的態度。例如：

老屋空間一樓會作為展售商品，因為商品的性質或數量，
所以常會改變一樓展售的陳列。二樓空間彈性較大，會辦
理手作課程、工作坊、或讓客人寫信等，因為二樓的空間

照片 5.3 猫への手紙二樓空間
資料來源：蘇郁珺拍攝，2021 年 9 月。

照片 5.4 保留磨石子樓梯
資料來源：蘇郁珺拍攝，2021 年 9 月。

較大較長，因此空間可以彈性活用。

店裡的擺設和經營需要滿簡單的，因此原則上前屋主留下來的就已經非常足夠，後來幾乎沒有再加上新的變動。主要就是加入一些簡單的設備，或是店內都是可以移動的擺設，隨時依照需要，按照自己的想法進行創意的發想。

● 關於「您的老屋是否會因此生意更好呢？」這一點，老闆抱持低調保留的態度。

我自己不會特地以老屋作為宣傳是因為來到這裡的人通常都會停留在一樓，然而一樓的商品展售和老屋的連結較少，但若是到二樓上課程，因為停留的時間較久，有機會感受老屋的氛圍，才比較會提到這是老屋。

● 關於「如此老屋多樣化的設計與改造，是否希望消費者能從中找到什麼樣的真實性呢？」這一點，老闆的答案是肯定的。

磨石子樓梯和立面都有保留下來，不少遊客會發現。然而以前因為開藝廊的屋主有展示經營需求，牆壁等都已經重新油漆，因此，就較少留下在更久之前如中藥房、機車行的真實性。

5.2 真實性與地方感

5.2.1 地方感與地方理論之回顧

5.2.1.1「人類行為與環境識覺」之空間結構研究

一、C. N. Schulz（1971）的垂直／水平結構

　　基本上，C. N. Schulz 結合 G. Cullen 與 K. Lynch 兩位學者的觀點，前者屬具體可見的空間，從建築物、街道、中心等元素來看待整個市鎮地景，後者屬認知空間。C. N. Schulz 結合此二觀點，對於存在空間（Existential space）的結構給予一個更具形式化的分析，稱為存在空間的垂直／水平結構（Relph, 1976）。

　　（一）將空間的意象結構分為垂直結構（Vertical structure）與水平結構（Horizontal structure）。

　　（二）垂直結構表示存在空間具有層級性，依範圍大小可分為：（1）地理區域或國家範圍。此一範圍已超出一般人的生活經驗，但仍具有可認知的特性。（2）地景或區域範圍。此一範圍包括都市與鄉村地區的大尺度環境，可以作為人類活動的背景以及人們與大尺度環境之間互動的一種反映。（3）都市範圍。即一般人在概念上所認知的都市地區，而且大多數是經由人們努力以及有目的性所創造出來的建成空間。（4）街道。即人們日常生活交往最主要的活動範圍，是人們經驗城市的基

礎。（5）住家。可說是人們存在的主要參考點。

　　一般說來，人們都是基於各個不同層級性來生活，縱使在某特定時刻會把注意力集中在某一層級上，例如：選舉投票在國家層級，圈票處在城市或街道層級。

　　（三）在每一層級空間中均有一清晰可辨識的水平結構。水平結構主要是由三個元素所組成：（1）具有特殊意義的地區（Districts or Regions）。它是由社會團體為了共同的利益與經驗所集結成的區域。（2）連接各類型中心與地區的通道或路徑（Paths or Routes）。它反映出人們的意圖與經驗的方向與強度，而且可以作為存在空間的結構主軸。（3）具有特殊重要性與意義的各類型中心（Centers or Nodes）。例如，一個具有歷史意義的地方。

　　上述這種由中心、地區、通道所組成的環境，可以反覆運用在不同層級空間的組織上。有時候直接符合地景的實質面貌，例如建築物、道路，有時候又符合神祕的現象，例如通往天堂／地獄之路或具有神祕事件的地點，有時候則反映出特殊的意圖，例如建築師特別會關心建築物。

　　（四）存在空間中的地方（Place）是一種有意義的中心或是人們的意圖與目的的焦點，因此，基於意義與功能的角度來界定地方，未必在所有文化背景的人群中是一樣的，而且中心也未必由外在實質面貌可以清楚地描述，有時候它們應該是必

須具有所謂內面的成份（inside），而與外面的成份（outside）有所不同。例如，信教者視地方是一種具有力量的象徵性、神聖性的空間；但是，對於現代的歐洲、北美洲的人們而言，地方則是由建築、地形或特定區位等角度來加以界定，較少有象徵性的內涵。由此可知，地方可以構成一種有意義之人們經驗的中心，而此種經驗是存在於由日常社會世界所形成之生活性空間（Lived-space）的涵構之中。

二、Yi-Fu Tuan（1974）的 topophilia 觀念

Yi-Fu Tuan 是華裔美國人，是一著名的地理學者。他非常強調人與天（自然）之間的關係，因而提出 topophilia 觀念來看待人類所居處的環境（空間）。廣義地說，topophilia 是包含所有人類與環境之間的感情連結，例如感情、象徵、非實質的因素。它主要在於處理三個課題（Tuan, 1974）：

（一）人類反映環境的方式，自可見的、美學的評價欣賞到身體的接觸。

（二）對過去環境及事物之熟悉度、依戀執迷、察覺與 topophilia 之間的關係。

（三）順便舉例都市化在人類對於鄉村地區與荒野之評價欣賞態度上的影響。

上述三項課題均反映了 topophilia 觀念的複雜性。

三、D. Canter（1977）的地方理論

D. Canter 認為一個地方是活動（Activities）、概念（Conceptions）以及實質特性（Physical attributes）三者關係的結果。活動指的是在一既定的場所裡所發生的各項行為；實質特性指的是該一場所的各項實質變數；概念或描述指的是人們對於那些發生在實質環境中之行為的看法（Canter, 1977）。

D. Canter 又提出如何詳細說明一個地方的本質的三個過程：

（一）地方的界定。

（二）地方品質與特性的說明。

（三）各地方之間的關連性。

5.2.1.2「結構化歷程學派」空間結構理論

一、A. Pred（1984）的地方理論（Place theory）

A. Pred 首先將地方當作是一個歷史上不必然發生的過程（Place as historically contingent process）。同時肯定「空間的結構過程是與社會結構的過程無法分開」的說法。正如他自己為地方理論所做的摘要（Pred, 1986: 31）：

What is the common place?

It is the ever becoming place. It is the ever becoming of what is scene as place and what takes place under historically specific circumstances where some institutional projects, and not others, are dominant.

It is power (be) coming into play(ce).

It is a process whereby an endless dialectic between practice and social structure expresses itself locally.

It is a process whereby the reproduction of social and cultural forms, the formation of biographies and the transformation of nature ceaselessly become one another. Simultaneously, it is a process whereby time-space specific path-project intersections and power relations continuously become one another.

A. Pred 的「地方理論」在知識論上是源自 A. Giddens 所提出的「結構化歷程理論」（The theory of structuration）。該理論的重點之一：當結構化進行時，任何一個社會系統的結構特性會透過日常生活中實際行動的運作而呈現出來，同時，日常生活中實際行動也會生產及再生產社會體系之微觀及巨觀層次的結構特性（Pred, 1984）。同時，該理論在看待場所的形成和社會體系時—空概念之間的關係上是具有啟示的作用。A. Giddens 提出「存在—價值」（Presence-Availability）的觀

念，用以連結在社會體系時—空構成中的記憶、經驗和空間分佈，所以，場所（Locales）乃被整合至社會體系的結構化構成之中，易言之，任何一個場所可以基於存在—價值中之時—空觀念來加以理解，最明顯的是小社區、家庭乃至區域，在社會體系（群體或集體性）中人們、活動之間互動時價值（可利用程度）之高低表現在空間分布上的結果差異之上（Giddens, 1981）。另外，與此一觀念有關的重要觀念是所謂時—空距離（Time-space distanciation），指的是社會被帶進橫跨在較短或較長的時—空距離的過程。A. Giddens 強調有許多因素足以結構起時—空距離的型態，例如，城市作為宗教、紀念性與商業的中心以及權力的容器；現代的都市形式作為一個經由土地商品化以及城市與自然環境的連結遭到破壞後的人為創造的空間；時間商品化的結果，使其與生活經驗、真實的社會活動分離，使得金錢成為一種通用的、公共衡量標準（Urry, 1991）。

本人再進一步針對「地方理論」做更深入的解釋，該理論包括五個重要元素，詳細說明如下（Pred, 1986）：

（一）生產與分配計畫——處於地方形成過程中的空間與社會分工（Production and distribution projects: the spatial and social division of labor within becoming places）

不論是否具有宰制性、優勢性，所有的制度性生產與分配計畫均會涉及空間的分工，進而社會的分工伴隨發生，因為某

些人會以不同的方式參與，可是卻有其他人都不參與。因此，這些制度性計畫與其伴隨而來的空間分工和社會分工，事實上本身就是一種地方上或大尺度結構化過程的時—空之流的產物。在傳統農村聚落中，空間分工與社會分工在本質上大部分或完全是地方性的，是在地方上可以完全被決定的，易言之，這些決定是他們過去對制度性計畫與社會化、意識發展之間關連的決策經驗的結果，或者是說，這些決定是他們過去參與地方性結構化過程中之時間和空間體驗的結果。然而，在當今的環境下，尤其是高度工業化的國家，空間分工與社會分工的情形會發生在一個較大尺度的地方系統以及全球性經濟之中。因此，發生在地方層次的生產與分配計畫在資本主義國家以及經濟需求導向的國家中，均將會直接或間接地連結更巨觀層次之結構化過程的辯證過程。

（二）其他的文化與社會形式的沉澱作用（Sedimentation of other cultural and social forms）

最明顯的例子是語言。語言本身是一種霸道的、任意的文化形式，也是一個足以影響文化與社會實踐的主要限制條件與促成發展的元素。語言可說是當地居民生活軌跡與計畫之間交互作用的基本，因為它提供一個用來描述、組合與區分客體、事件與經驗的基礎。因此，如果從地方上居民日常生活與社會再生產的觀點來看，人們的語言影響所及的範圍其實就是他們所居處地方的範圍，反之亦然。

　　知識上的獲得往往是取決於某些獨立或集體進行的活動形式。因此，在一個地方上呈現出來的各種文化與社會實踐，都會限制或促進實際應用上的知識形式，而這些知識形式均是從地方上或非地方上的資源加以利用而來。相反地，這些實際應用、論述用的或其他知識在地方上的利用程度，也會限制或促進新的文化與社會實踐的出現。因為，「知識可說是用來進行社會行動的一種手段，而社會行動也會促使知識轉型」。總而言之，語言與知識均可以成為一種具有宰制性、優勢性的制度性任務，用以強化、轉化或區分當地居民的社會經濟地位。

（三）個人傳記的形成（Formation of biographies）

　　在結構化歷程中的物質連續性以及將「地方」作為一個歷史上不必然發生的過程中，最明顯的是出現在個人傳記的形成此一層面上。因為在個人傳記的形成之中，語言是被需要著，性格被發展出來，意識形態在變化著，以及對世界事物的意識也在發展著，而且，個人性格與意識是無法獨立存在的，基本上，它們是過去個人生活軌跡—計畫交互作用，以及與此交互作用有關連的特定社會經濟權力關係之一種複雜的副產品。易言之，個人或集體意識也必須透過這種角度來理解才行。因此，如果「地方感」被看作是一種人們與事物之間帶有象徵性、情感性意義、記憶與依戀的東西，那麼，地方感則必須來自過去的生活軌跡—計畫之間互作用以及它們之間的權力關係才行。這正如同 R. Williams 所謂的「感覺結構」（Structure of

feeling）或「特定地方與時間下生活品質的感覺」——這是由
特定的世代與階級的許多人集體感覺出來的。以另一種方式來
說，個人性格和意識與社會結構都不是獨立生起，它們均是在
地理上與歷史上特定的生成過程中的重要元素。因此，不管地
景的創造與使用是如何受到限制或「自由放任」而自我表現，
它經常是同時出現在個人傳記與特定地方的歷史社會涵構之
中，而有助於個人傳記與地方的形成。

（四）自然地景的轉型（Transformation of nature）

　　在現實世界中，自然地景的轉型是與地方的形成分不開
的。自然地景是經由人為的力量修正而來，當自然地景被轉化
成為人造的地方元素，以及當當地的空間被結構起來並被賦予
新的意義時，基本上都是由於社會化與社會再生產之間不斷的
辯證結果所造成，此辯證結果會造成地方形成的限制，同時，
也是促成的原因。

（五）權力關係的建立、再生產與轉型（Establishment,
reproduction and transformation of power relations）

　　所謂權力關係，意指用來明確界定足以包含其他計畫在內
之特定計畫的內容，或者用來管理、控制、協調足以包含其他
計畫在內之特定計畫的元素的能力。同樣地，權力關係可以被
看作是用來禁止或防止其他人們參與特定計畫的能力。如果以
M. Foucault 的觀點來說，權力就是「用來結構其他人們行動的

可能範圍」。

二、A. Pred（1983）地方感（Sense of place）

A. Pred 認為，如果地方感不是必然，而只是另一種具體化範疇、涉及思想的純粹反應，則「地方感」應該被重新詮釋為「時間—空間特殊化的每日實踐」，而且隨著意識發展及社會化歷程其他元素而成為自己傳記（Biography）的一部分。易言之，「地方感」必須被視為重新透過「時間地理學」與「結構化歷程理論」所整合後的稜鏡，而且，那是在歷史的特殊情境下，個體和社會、實踐和結構之間的辯證形成過程中的另一種副產品。詳言之，「地方感」被視為附加於人和物之象徵性、動人的意義和記憶。一般來說，經驗往往根植於日常生活及工作，以及日常的活動、實踐和行動之中，如果地方、人和活動可以被視為一個整體，則它必須被公認為個體在其所涉入的活動中是無法脫開肉體的。易言之，任何活動的參與均隱含了一個人的連續性構成和地方感的再構成，可能發生在透過其身體所發生之每日的生活軌跡（Paths）進入時間和空間所聯結的「活動束」（Activity bundle）以及制度所界定成的計畫（Projects），並且透過其社會再生產的貢獻；或者被身體的負擔所獨立界定所需要的心靈傾向；或者實踐知識的元素係根據其昔日的社會化或生活軌跡與時間及空間之特殊的制度性計畫交互作用。不論是上述哪一種狀況，沒有單獨的地方感的活動參與的根源是獨立隔離的，而是每一個外在的身體活動與每一個

生活軌跡─計畫的交叉點,均將引入連續而永無間斷之自傳的時─空之中,其實就是所有相關的生活軌跡內外辯證的過程。

因此,吾人應該確知,被人類所感覺到的場所(地方)是不能被凍結的,而是一個不斷發生的個體(或集體)積極參與時─空之流的結構歷程的副產品。所有房屋、道路、田野、其他人造物,以及所有和這些相關連的活動,透過「發生」(taking place)或適當的自然轉換空間,以共同建構、維繫、塑造了「地方」。總之,這是基於意識形態(某一個體、群體階級的價值觀和理念的特徵)且具有特殊目標及意圖的結果。從任何階層來說,意識形態是生活在地方的產品,在特定時間及空間的位置中,將特殊的途徑帶入特殊的制度性計畫之中。地方與意識形態會不斷改變實踐和結構之間的辯證,並且與另一種結構歷程的開展,互相持續不斷交織在一起。

綜言之,「結構化歷程學派」的「地方理論」對於空間結構的重大意義,主要有下列三點:

(一)該一理論學派在空間結構研究上所強調的特色主要有二點:(1)行動者創造歷史與地方。地方是歷史上不必然發生的過程,是因為行動者的日常生活軌跡、外在的計畫與社會結構三者之間相互作用與形塑而成的產物。(2)開始關注時間因素。這可說是對於過去空間結構研究一味只偏重空間、忽視時間的一種反省。

（二）基本上，比較傾向於人文主義的研究途徑（Humanisitic approach），涵蓋人們、活動、地方本身以及外在社經條件等諸多層面的觀念，故適合於小區域研究、時間（歷史）地理學研究。

（三）也可以說是屬於政治經濟學研究途徑之後續研究的一部分，故有人稱為「建構的結構主義」（Constituted structuralism）。

5.2.1.3 人文地理學

Tim Cresswell（2002, 2009）身為一位人文地理學家，曾經說過：「人類對於地方有主觀與情感上的依附」，以及「一個人如何看待地方，也就如何看待自己」，由此可知，對於 Tim Cresswell 來說，人類的自我認同與地方認同，可說是同一件事。Cresswell 在其專書 *place*（地方）中，嘗試從規劃、生態、哲學等角度，釐清與定義「地方」（引自蘇郁珺、陳坤宏，2021）。他認為，相對於「空間」而言，「地方」是指一個「具有意義」的空間，也可作為一種認識及經驗他者的方式——「我們決定強調什麼，決意貶抑什麼」，在這樣的經驗中，人們將對自身充滿意義的空間稱為「地方」，對地方的情感投射，就是「地方感」。

5.2.2 觀光真實性中的「地方意象」與「大眾意象」有何不同？

5.2.2.1「地方意象」（local images）＝歷史真實（historic reality）

「地方意象」，與大眾意象不同，是可以表達一個地方獨特性的意象。通常與特殊的歷史或文化傳統連結在一起，社區中的許多人都對這種傳統有強烈的依戀，Gunn 將這些稱為「有機的」地方意象。一個地方的意象，主要來自新聞、小說與非小說故事以及電影等媒體報導現有情況，這些情況在全國範圍鮮為人知，相反地，可能包括當地社區的商業區，而社區知道一個以地方為導向的形象是什麼，並且不會試圖將其意義與其存在的意義，解讀成為超越其存在的形象。所以，我們可以這麼說：「地方意象」（local images）就是一種「歷史真實」（historic reality）。

回到「觀光真實性」這件事，「地方意象」將會產生什麼樣的作用呢？這是值得我們論證的問題。理論上，一個地方的遊客通常希望能夠感受到一種類似於居民所感受到的歸屬感，因此，觀光發展的任務就是提供一個適當的環境安排，以滿足遊客期待的形象與關注點。從設計的角度來看，通常是運用環境來規定意象的選擇來實現，進而使遊客期待的形象更有可能發生（Rapoport, 1977），主要手法包括：名稱識別、明確定

義的景點邊界、通道、具有象徵符號性的入口、主要活動中心區、各種相容的標誌與符號、特殊事件，以及當地歷史或神話的宣告（Clay, 1980）。但是，事實上，這些作為在觀光真實性上，往往帶來反效果。若干觀光領域的學者就提出批評，認為任何將大量意象引入一個地方的嘗試，都會破壞獨特性，並且產生「不真實感」（inauthenticity），因為引入的元素，不是一個地方自然發展出來的一部分（Boorstin, 1961；Relph, 1976；Trillin, 1977；Wood, 1979），這種不真實的結果是居民的疏遠，因為他們不再對一個獨特的地方有獨特的依戀感。大眾意象消除了該地區的獨特性，使其成為更廣泛統一性的一部分，這種結果，在觀光發展基於當地資源的情況下，是一個特別敏感的問題，因為居民對於當地資源具有強烈的認同感，當然不願意看到自己當地的文化資源特色，變得不真實（Lew, 1983）。

因此，以觀光為目的發展歷史文化資源的另一個重要考慮因素是：如何保持對獨特地方的親密感和依戀感，同時能夠向大量的外部遊客加以推廣，並且分享該地方。這個問題如何解決，將對社區對觀光業的接受度與支持度，產生重大影響。

5.2.2.2「大眾意象」（mass images）＝感知真實（perceived reality）

在許多情況下，遊客導向愈強的發展，非本地形象的景點設計與推廣的影響就愈強，因而朝向「大眾意象」（mass

images）的途徑發展。本來，如果一個地方的內部與外部意象之間具有更大的內在相似性，應該會減少發展計畫的負面影響，一般而言，人們總是期待發展計畫能夠建立在現有景觀元素的基礎上，以增加零售區的購物機會。但是，不可避免地，這種發展往往會引入在這個地區開發前不存在的設計元素，表面上卻被認為與該地區的形象相容。所以，我們可以這麼說：「大眾意象」（mass images）就是一種「感知真實」（perceived reality）。換句話說，「歷史真實」與「感知真實」之間的差異，即是對應於「地方意象」與「大眾意象」之間的差異。

MacCannell（1976）同意「旅遊環境總是不真實的」此一說法，然而，他並不認為這種不真實性是消極的，相反地，他認為觀光是在現代異化世界中克服個人與群體孤立隔離的一種方式，從這個角度來看，主題零售區類似於宗教朝聖地。但是，我們要知道的是，在主題零售區中，遊客並不是向宗教價值觀致敬，而是向主題零售區所在的社會文化與歷史符號致敬。可惜的是，過去的經驗卻告訴我們：上述這些符號，往往會演變成為社會的集體大眾意象，而掩蓋了地方意象的獨特性。因此，這個在地的地方感（sense of place）就消失在更大的國家之中。因此，對於舊零售區主題觀光發展的社會意義，存在著二分法的觀點，這兩種觀點都認為對於舊零售區維持獨特性有負面的影響。另一種看待主題發展的方式是：舊的零售區通常是多年來經濟、社會與視覺吸引力嚴重下降的地方，如

何透過觀光效益與經濟力量加以改善，惟此時又將面臨上面所說「大眾意象的不真實性」情形的兩難。

Alan Lew（1989）針對美國華盛頓、奧瑞岡、北加州等三個地區，進行了一項觀光客在舊零售區中的觀光體驗的研究，期待能夠檢證「真實性與地方感之間的關係」。Lew 首先提出四種不同類型零售區的真實性：（一）最大的真實性，體現在長期無意識發展的自發性零售區，（二）更新的真實性，通常作為歷史保存的一部分，試圖以真實的方式保存過去，（三）較不真實的更新，在現有店面的外觀做一些虛假的改裝，包括修建成西方或歐洲的主題城鎮，以及（四）在以觀光為導向的零售區中，重建的市中心是最不真實的，迪士尼樂園是一個例子，或是新建造的購物中心，模仿特定主題的意象。

Lew 的研究發現，在三個研究地區中都會發現一個事實：觀光大都依賴保存現有的文化與歷史資源，是主要的趨勢，上述第（二）類型：更新的真實性即是如此，在這樣的社區中，如果過度關注保持真實性，那麼可能會忽視並拒絕觀光的意義。相反地，在其他社區，觀光問題可能是首要問題。整體而言，這些社區缺乏保持原有真實性的強烈衝動，原因是：不是對於一個獨特地方的歸屬感不盛行，不然就是因為觀光已經成為該地方存在的主要理由。

5.2.3 老屋再利用案例

為了探討「真實性與地方感之間的關係」，本人設計了訪談題目，選定台南中西區老屋再利用的個案，進行半結構式訪談。

訪談題目：您認為，您的老屋展現了哪些「地方意象」呢？與一般觀光客的「大眾意象」有何不同？您認為老屋是否扮演了一個台南（或台灣）重要的社會歷史意義，是否讓台南（或台灣）蘊含象徵性認同與情感依附？

訪談商家：1. 十平

2. 猫への手紙—寫信給貓

此處先回顧一下本章 5.2.2〈觀光真實性中的「地方意象」與「大眾意象」有何不同？〉這一段的論述，Lew（1989）認為「地方意象」與大眾意象不同，是可以表達一個地方獨特性的意象，通常與特殊的歷史或文化傳統連結在一起，社區中的許多人都對這種傳統有強烈的依戀，Gunn 將這些稱為「有機的」地方意象。我們可以這麼說：「地方意象」（local images）就是一種「歷史真實」（historic reality）。但是，在許多情況下，遊客導向愈強的發展，非本地形象的景點設計與推廣的影響就愈強，因而朝向「大眾意象」（mass images）的途徑發展。所以，我們可以這麼說：「大眾意象」（mass images）就是一種「感知真實」（perceived reality）。換句話說，「歷史真實」

與「感知真實」之間的差異，即是對應於「地方意象」與「大眾意象」之間的差異。說得淺白一點，所謂「地方意象」，係指遊客對於某一景點、遊樂區或城市，具有獨特的感覺與印象，進而認同，難以取代。而所謂「大眾意象」則是沒有獨特的印象與認同，每一個景點對他來說都一樣，以上即是二者的區別所在。

5.2.3.1 案例一：十平（照片 5.5、5.6）

根據十平老闆受訪的回答，可以提供我們用來探討「真實性與地方感之間的關係」，根據理論角度，將「受訪者文本」（或稱為故事文本）發展為「研究者文本」。首先，從訪談答案中整理出開放式編碼（open coding）──即：標籤化、賦予名稱、概念化，接著檢視這些答案與上述學者的論點是否具有一致性？又有哪些差異？十平老闆受訪逐字稿的開放式編碼主要包括：老屋翻修、小小長長的小店、台南人的人情味、台南的故事、老屋年代久遠、建築樣式多元化等。

綜整十平老闆受訪的回答，其結果如下：

● 關於「您的老屋展現了哪些『地方意象』呢？與一般觀光客的『大眾意象』有何不同？」這一點，老闆表現出信心十足是做到的。

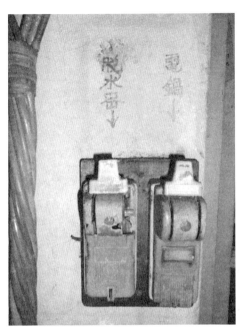

照片 5.5 反映台灣老屋歷史的開關設備
資料來源：蘇郁珺拍攝，2021 年 9 月。

照片 5.6 富含台南地方意象的窗框
資料來源：蘇郁珺拍攝，2021 年 9 月。

例如這裡過去的地名叫番薯崎，這個地名的故事，我也會說；水仙宮的故事，自己過去覺得為什麼菜市場要賣水仙，後來才知道過去那裡是靠海，我都會把這些發現和客人發想。有時候我也會聽鄰居阿嬤阿公分享許多故事，例如他們年輕的時候在這裡做些什麼，下午常會去哪個廟泡茶聊天，這些故事也都能口耳相傳，成為這裡的故事、城市記憶，我認為這點在台北是非常薄弱的，我也覺得是因為這些很強的在地性，才會吸引很多外地的遊客，疫情之前還有非常多來自世界各地的遊客。

以自己作為觀光客的角度，對台南的旅遊常是「體驗」為主，來台南是「體驗」，從車站出來之後就會感覺與大都市的不同。例如語言，自己在台南常會講「哩賀」（你好的台語），這對自己而言很有親切感，是與以往在台灣其他地方旅行很不一樣的感受。建築、人、味道與顏色。台南都市計畫與都更少，和台北的 LED 白光不同，台南常是黃光，黃光的明暗對比很明顯，因此覺得台南晚上的色調非常特別。以建築而言，剛來台南的時候，常常會因為台南建築、老房子而停下腳步，就像台南老房子的立面，有時會發現立面上有鮑魚、蜜蜂、壓花等，就會特別上網查，知道其歷史由來，就會知道非常多。

● 關於「您認為老屋是否扮演了一個台南（或台灣）重要的

社會歷史意義，它是否讓台南（或台灣）蘊含象徵性認同
與情感依附？」這一點，老闆也提出了一些論證，肯定台
南市是一個百分百「地方感」的好城市。

……與我過去在台北生活的方式非常不同，衝擊感非常
大，舉個例子，自從搬來台南的第一個禮拜，就有鄰居關
心我們是不是剛搬來、從哪裡搬來，與過去台北大家冷
漠、冷淡的互動，是很不一樣的。我認為台南很明顯：
「和你有關係就是有關係、沒關係就是沒關係；他認為你
好，就會一直出現在你生活，如果他不喜歡你，就不會
再出現」，不會像台北一樣客套，在台南的這段時間，四
年了，還是覺得自己在出國，覺得台南的人情味、人的相
處方式，真的太特別了。我得非常開心的是，客人也曾經
說過來這裡吃飯就像是來「體驗」，不像單純來吃飯，器
皿、房子，包括自己也慢慢在地化，也會分享許多台南故
事，……

我認為台南老屋再利用的部分、老屋欣力做得很好，例如
新的台南美術館，古蹟與老屋可以傳承台南歷史，也是台
南的特色，但不能是蜻蜓點水般的打卡式景點，如同神農
街，只能賣小東西，但留不住回憶。我希望人們來台南能
夠停留在一個地方，體驗還有理解它過去的樣子，但若只
是一個打卡景點，舉例玻璃鞋教堂，其實完全沒有與地方

文化連結，又破壞地景。

從上述老闆的論證中得知，對於觀光客來說，台南市比其他都市，展現了比較強烈的「地方意象」，高過於「大眾意象」，其中，老屋也扮演了一個重要的角色。同時，老屋也扮演了傳達台南（或台灣）重要社會歷史意義的中介站，讓不少遊客對於台南蘊含象徵性認同與情感依附，從這一層面來看，老屋再利用對於台南市是有貢獻的。如果從 Lew（1989）的觀點來解讀，台南老屋透過「地方意象」（local images），呈現出來的這種「歷史真實」（historic reality），應該是「大眾意象」（mass images）的那一種「感知真實」（perceived reality）所無法想像與比擬的，相信大多數的遊客都會認為，前者是優於後者的，前者也正是遊客所需要的。

5.2.3.2 案例二：猫への手紙—寫信給貓

根據猫への手紙老闆受訪的回答，可以提供我們用來探討「真實性與地方感之間的關係」，根據理論角度，將「受訪者文本」（或稱為故事文本）發展為「研究者文本」。首先，從訪談答案中整理出開放式編碼（open coding）——即：標籤化、賦予名稱、概念化，接著檢視這些答案與上述學者的論點是否具有一致性？又有哪些差異？猫への手紙老闆受訪逐字稿的開放式編碼主要包括：老屋空間的氛圍、老屋的符碼、老屋的象

徵、真實性的故事、與台南的連結、情感的連結、物質的象
徵、認同性等。

● 關於「您的老屋展現了哪些『地方意象』呢？與一般觀光
  客的『大眾意象』有何不同？」這一點，老闆認為是沒有
  做到的。

  我認為要像是五條港、神農街、新美街那樣的確有跟當地
  的歷史地理和特色有連結，像五條港老屋有二樓能夠拋接
  貨物等，有留下明顯歷史的軌跡和連結。像我們這樣的老
  屋，比較像是生活的軌跡，而各地都會有生活的軌跡，例
  如鑲在牆壁裡的櫃子等，我認為大家對老屋的印象都是透
  過象徵性的物件，因此除非很明顯是歷史街區，不然我認
  為很難感受到和台南有關的連結，因此它就是「一棟老
  屋」，而不會特別認為是「台南的老屋」。

● 關於「您認為老屋是否扮演了一個台南（或台灣）重要的
  社會歷史意義，是否讓台南（或台灣）蘊含象徵性認同與
  情感依附？」這一點，老闆認為，勉強是物質的象徵意義
  較大，而缺乏「地方感」的情感連結。

  台南老屋的確會吸引人到台南，也能夠讓人更願意、更有
  機會認識、了解台南的歷史地理。但我仍然認為停留在表

面、物體的象徵。台南市區的老屋很分散，單一個點的老屋就沒有像是新化老街那樣濃厚的老屋氛圍，又或像鹽水或是無米樂那樣保留整個完整的社區，進入到聚落裡，比較有情感的醞釀和保留，比較能夠喚起連結。台南老屋已經修修改改後，加入新的物件，即使不是全新的物件，卻也不是在那個空間從過去保留至今，因此還是比較像是物件的堆疊，不是情感的連結，仍然停留在物質的象徵。

另外我發現一件事，有一些過去在老房子生活的人反而長大後不會想要再回到老房子生活，舉例自己家裡的一些長輩，無法理解台南老屋民宿的流行，寧願去住飯店也不要住老屋民宿。我認為現在的年輕人是因為沒有體驗過過去的生活，因此會嚮往和好奇在老屋裡面的生活，但過去真的在老屋長大的人，認為現在有非常方便的設施，完全不想回到「老屋」，當然可能會懷念，但不會想再回去住老房子，……

5.3「真實性與地方感之辯證」在商業區觀光體驗中的表現

5.3.1 商業區觀光經驗中的四個發展趨向

5.3.1.1 商業區觀光經驗中的四個發展趨向與四個真實性的對應

　　Lew 在該項研究中，把舊零售區發展經驗分成四種類型：維護發展（conservation development）、形象或意象發展（image development）、經濟發展（economic development）以及尚待發展（pending development）。調查的主要目的是要確定舊零售區主題發展的不同方法之間特徵的差異。雖然早期案例研究的結果與調查工具均表明，大多數地區的發展議程將會以以下三個目標中的其中一個列為首要目標：歷史、文化或環境保護（Lew, 1985），但是，在該項研究中卻發現：此三個地區在發展上各有其偏重性，例如，經濟發展導向地區通常對應於類型（一）最大的真實性，維護導向地區對應於類型（二）更新的真實性，因為它們有意識地嘗試重建或保存特定的特徵，而形象發展地區則對應類型（三）較不真實的更新，因為它們強調為觀光發展來操縱大眾形象的緣故。

　　基於「真實性是衡量歷史保護零售區成功與否的重要目標」此一觀點，可知，在迪士尼樂園主街上再現的意象的準確

性是展示觀光導向中真實性與不真實性尺度的關鍵地區。不論
如何，我們相信所有類型的成功發展，都希望能夠確定其目標
並充分發揮其潛力，儘管一些社區同時支持多個目標，但實地
工作與調查結果也表明了，每種方法的許多方面是相互排斥
的，前面所說迪士尼樂園主街上的意象表現，即是明證。同
時，該項研究又告訴我們：針對上述三個發展目標顯著性的精
確卡方檢驗的結果，得到的結論有下列三點：（1）解釋了三種
發展方法之間差異的最基本特徵。（2）統計變量與不同發展方
法之間的相關性較弱，但仍提供了一些有用的見解。（3）在三
種發展類型中具有基本一致的特徵，此正好表明了許多舊主題
零售區雖然有不同的發展重點，但仍具有相同的特徵。

5.3.1.2 對於不同類型舊零售區發展經驗上的建議

● 維護發展型態

如果自然、歷史或文化主題居於主導地位，那麼，維護發
展途徑是可能的並且應該要被考慮。特殊的固有資源的存在，
表明了一個社區的保護前景可能很重要。在維護開發中，必須
特別注意向普通市民闡明開發目標，這與企業主及都市機構在
政策與計畫的實施中，同等重要。一旦有了社區的廣泛支持，
地方政府將願意提供更全面的發展指引，並從一開始就可以更
積極參與主題重建工作。與當地居民不同，遊客是保護發展區
的主要客戶。這些地區最有可能出現的主要問題，包括建築招

牌、店主之間的合作順從以及融資問題。

● 形象或意象發展型態

如果觀光業發展具有強大的廣泛吸引力，那麼，人們應該期待並追求形象發展議程。某種形式的觀光業的存在，不論是積極促進或者是被動接受，都可能表明了傾向於採用形象發展方法。形象發展地區主要是企業主關注的問題，一般公民與政府直接參與，非常有限。所以在初期，主題採用與合作機制應由私營商業組織推動。主題已經被接受為不可少的小地區或社區，則可以增加政府的監管，形象發展區應該朝向最廣泛的區域進行行銷，遠在鄰近縣區之外，以擴大利基，這是有必要的，因為形象發展主題的大眾吸引力與遊客，相對於當地居民，是有比較高的單次訪問率。這些地區可能的問題在於金融與交通服務可及性。

● 經濟發展型態

如果一個社區對於觀光的興趣不大，甚至有反觀光情緒，加上特色資源有限，那麼傳統的經濟發展議程，將是可以選擇的。經濟方法通常需要涉及零售組織與都市機構密切合作，幾乎沒有一般公民參與。另外，此一型態往往會讓人期望市場區域遠遠超出社區或附近社區，其實這是不現實的，有時候，本地客戶遠比遠方遊客來得重要。經濟發展地區可能出現的主要問題，包括冷漠、建築招牌、來自其他零售區的競爭以及地主不參與。

5.3.2 商業區扮演一個重要的社會歷史意義之地，而小城鎮富含著象徵性認同與情感依附，此時真實性與否已經不再重要

美國的經驗似乎給我們一個很大的啟示：過去，美國舊零售區的衰落，可說是因為對於人力、當地歷史與寶貴土地的管理不善所造成的。幸運的是，後來這些地區大都能夠在當代社會中找到新的目標。尤其是發生在郊區的購物中心，在短短的時間裡，人們對於舊零售區的看法，發生了巨大的變化。這些地區不再被視為不雅觀與功能失調的舊建築群，而需要被徹底拆除與重建，相反地，已成為具有重要社會與歷史意義的地方。更重要的是，對於較小的城鎮，一個實施良好的計畫，提供一種象徵性的自明性，居民可以感受到依戀感，不論該符號是否真實。雖然是最人為的設計，也都會都被意識到這是人們共同努力此一事實，而認為它們是真實的創作品。這正是所謂「真實性」的奧妙所在，令人費解且值得品味。

第 6 章
都市多樣性與公平城市

6.1 公平即正義

談到「公平或正義」，不得不提到 John Bordley Rawls，他於 1972 年出版《正義論》（*A Theory of Justice*）之後，哲學、政治學、社會學、宗教學及其相關學科出現了蓬勃且迅速的發展，也包括應用學科，例如公共政策與管理、公共福利、環境管理等。在十幾年時間裡，百餘位學者與評論家從各種角度對這本書進行了研究、詮釋與批評，這本書已被翻譯成多國語文，並獲得二項書獎，難怪美國政治哲學家 Brain Barry 把這種風潮現象稱為「羅斯產業」（Rawls Industry），可見《正義論》這本書的影響力既廣泛且深遠。

這本書解決了什麼問題？在理論上有何貢獻？對西方社會的政治有何影響？Rawls 在《正義論》的前言，開宗明義宣示了自己的企圖：建立一個新的理論體系，以取代功利主義，才能為民主社會建立一個「最合適的道德基礎」。他把「社會契約論」當作是自己反對功利主義的理論基礎，他說：

> 我努力把洛克、盧梭與康德所代表的傳統的社會契約理論普遍化，並提升到一個更抽象的高度。……或許可以證明這個理論能夠提供另一種對正義的看法，它高於佔支配地位的傳統的功利主義（Rawls, 1972, p. VIII）。

　　Rawls 所堅信的「正義」首要就是公民享有自由權利的平等性與不可侵犯性，此一宣言在功利主義與實用主義瀰漫的現代社會中，可說是振聾發聵之聲。相較之下，亞里斯多德給正義下的定義是：「禁止為了私利而獲取他人的財產、所得、地位，以及一切應該屬於他人的東西」，可知其適用的範圍是人的道德行為，而 Rawls 則是首先把正義這一觀念應用於對社會組織的評價，他說：

　　……正義不能允許為了大多數人的更大利益而犧牲少數。在一個正義的社會中，公民的平等自由權利是不容置疑的，正義所保證的權力不能屈從於政治交易或社會利益的算計（Rawls, 1972, p. 3-4）。

　　在 Rawls 看來，主張「正義即公平」的觀念，意味著：依照正義的原則來運轉社會組織與分配社會利益的合理性。所以，他一再強調，正義原則只有在秩序良好的社會中才能推行，那麼，什麼是秩序良好的社會呢？當一個社會不僅關注成員的利益，並且也被一個正義的公共概念有效地運轉時，就是一個秩序良好的社會。其實，秩序良好的社會就是 Rawls 心目中「正義社會」的代名詞。在現實社會中，所有正義觀念都要求按照一定的原則來分配社會權力與利益，任意變動分配份額的行為是不正義的，也就是說，「公正」（impartiality）與「一

致性」（consistency）是正義的起碼要求，而「偏袒」與「任意性」就是不正義的。Rawls 把正義觀念分成兩層意義：形式的正義與實質的正義。實質上的正義要求公平、合理地分配社會利益，形式上的正義則要求既有政策的實施、執行時不受執政者個人好惡與習性的影響。在一個實質上不正義的制度中，形式上的正義還可以保障弱勢者應分得的那一份額，而不會淪落至老子《道德經》所說的「損不足而奉有餘」這種不正義的極端狀況。

綜上所述，Rawls 的「正義」存在於兩個重要的原則之中：（1）自由權平等的原則：每個人都在最大限度上享有與其他人相等的自由權利。（2）差別原則：社會與經濟的不平等將被調整，以滿足：它的存在給每一個人都帶來利益，以及它所包含的職務與地位都向所有人開放。這二個原則就是 Rawls 主張「正義即公平」的觀念的精義所在。

6.2 公平原則的意義與證明

但是，如何證明上述的這二個原則呢？茲以下列三點加以論證。

第一，Rawls 認為，理性的人在任何環境中，都會追求最大限度的利益，因此，他提出「最低的最大限度規則」

（maximin rule）來加以證明，此一規則說明：人們如何在最壞的環境下，最大限度地實現自己利益的理性要求。但是，此一原則不一定符合機率論，機率論不適用於最初狀況，因為在最初狀況與「無知的面紗」下，人們對於自身地位、能力與特殊利益，無從了解，當然無法計算利益得失的機率。

第二，Rawls 提出「民主主義的平等」來實現平等的理想（趙敦華，1988）。自由主義者要求改善下層社會的教育與文化條件，使得貧窮階級的子女也有培養與表現自己才能的同等機會，他們利用這些措施來克服天賦的權力與天賦的貴族制所依賴的偶然性與先天命運，要求按照才能為標準來分配社會地位與財富，以改善程序上的不完整性，因此，「自由主義的平等」已經含有較多合理與正義的成分，但仍未達到 Rawls 所要的理想境界。Rawls 所要的理想境界是這樣的：正義的差別原則承認了人們由於能力上的差別所造成的經濟與社會不平等，卻不承認能力上的差別所造成的機會上的不平等，他要求不同自然能力的人都有取得社會地位的平等機會，這比自由主義者提出具有相同能力的人擁有平等實現抱負的機會，更為激進。所以，「民主主義的平等」要求保護、照顧天賦能力上的弱勢者，要為他們提供更良好的學習條件與受教育權利，也要求消除造成他們能力上差別的根本原因，包括：縮小貧富差距、增加社會福利等。但是，即使消滅貧窮之後，由於遺傳上的因素，天賦能力上的差別還是存在，那麼該怎麼辦呢？因此，

Rawls 做了一個完整的修正如下：「社會與經濟的不平等將被調整，使得對處於最不利地位的人最有利。」（Rawls, 1972, p. 83）如此，才能使得機會平等的原則，在實質上而不只是在形式上得到真正落實。至此，我們得知，上述修正後的差別原則與前面所證明的平等原則，共同構成了正義原則的完善體系。

第三，Rawls 的正義原則可以發揚康德的倫理思想。Rawls 認為，康德的倫理思想留給後人最寶貴的遺產是「自律」的思想，以及倫理原則是「理性選擇」的產物。Rawls 指出，平均功利的原則與他的正義原則，在方法論上的基礎是不同的：前者是根據實際狀況中的不充足理由推導出來的，是偶然的產物，後者則是以最初狀況中人們的理性選擇來論證的，是必然的結果。這也說明：為什麼在某些國家，人均產值增長了，但是貧富不均的程度卻擴大的原因。所以，平均功利的原則只有與某些原則結合起來，才能夠全民富裕、機會均等。在最初狀況中，人們做出選擇的理性根據，不是基於平均值的不充足理由，而是前面第一點所說的「最低的最大限度規則」，「最初狀況」可以說是與康德的理性世界具有相同的意義，而「無知的面紗」所掩蓋的一己之私，正是符合康德要求排除感性對理性的干擾的作用。因此，我們可以這麼說：Rawls 的正義原則的倫理思想基礎在於康德的倫理思想，進而加以發揮，不但繼承了西方啟蒙時期以來的「自由、平等、博愛」的理想，同時是理性主義康德倫理學的復活與深化，用 Rawls 的話來說，

「……二者可做以下連結：自由與第一原則相對應，平等與第
一原則的平等觀念及機會公平相對應，博愛與差別原則相對
應。」（Rawls, 1972, p. 106）Rawls 可說是利用正義原則來論證
理想口號「自由、平等、博愛」的合理性的第一人。

此處順便一提的是，後來 Rawls 對於自己的理論，提出二
項修正，包括（趙敦華，1988）：

第一，面對人們對「最初狀況」假設的批評，Rawls 對他
的論證做了一些修改。他不再凸顯「無知的面紗」的作用，而
是強調：自由、平等觀念是選擇正義原則的基礎，不是論證正
義原則的出發點，相反地，這些觀念的合理性，只是作為正義
原則的推理，才被確立。Rawls 說：正義及公平的觀念，與康
德的構造主義的倫理學一脈相承。康德倫理學的重點是要把每
個人都看作是自由與平等的主體，道德原則不是從外界強加於
人的，也不是為了取得物質利益的手段，而是人們在平等條件
下自由地做出選擇，是一個自我建構道德體系的行為。

第二，面對 H. Hart 指出 Rawls 沒有給基本自由權的優先
地位，提供充足基礎，也沒有解釋最初狀況中的人們為什麼
不同意犧牲某些基本自由權，以換取更多的物質利益。當初
Rawls 在《正義論》一書中，是從歷史發展的角度，說明自由
權優於經濟利益，但後來說此一論點是錯誤的。他在康德關於
「人」的概念中，找到了賦予自由權以優先地位的新根據。他

的新論證是這樣的：最初狀況中的人們雖然有不同的生活目標與需要，但是他們都是自由與平等的主體，只有符合他們主體意識的原則，才被他們遵守，同時，處於自由與平等地位的人們，也會把自由權放在優先地位，因為沒有了自由權，他們也不會想要社會利益。

6.3 John B. Rawls 的「正義論」圓圈式結構

Rawls 看到哲學家常用的歸納法與演繹法，都不能證明理論本身的真理性，因此，他主張證明是許多思考互相支持，將每件事都放在一個連貫的論點之中的過程，他把這種方法稱為「反思平衡」，用這種方法建構出來的結構，具有循環論證、首尾連貫的特點，稱之為「圓圈式結構」。

Rawls 的「正義論」圓圈式結構，主要可以分成三個部分來說明。

第一部分：Rawls 設計了「無知的面紗」與「最初狀況」的理論假設，它們是正義原則的先決條件之一，另一先決條件是理性自由的選擇，此二條件具備之後，人們必然會選擇他所主張的兩個正義原則。

第二部分：正義原則運用在實際中的結果是秩序良好社會

的出現。這個社會以民主政治為核心，以自由市場經濟為基礎，依靠政府的調節與管控，推行社會福利措施，抑制貧富差距。在這個社會中，社會成員具有正義的觀念，維護著正義原則。所以，秩序良好的社會是第二部分的結論，又是第三部分的前提。

第三部分：在秩序良好的社會中，正義原則為善良的天性，拓展了自由天地，導致與正義原則互相一致的道德觀念與倫理思想，人們心中的這些正義感及道德標準，與最初假設的正義環境並行不悖，人們在合理生活中自由選擇，並且遵從「最初狀況」的人們所協議達到的正義原則。

經歷上述一個複雜的串聯與演變過程，正義理論在結尾處又回復到理論的開端，完成了圓圈式的結構。

6.4 理想型的多樣化城市

最近年來，「多樣性」（Diversity）已經成為都市計畫的新正統，「多樣性」也儼然成為都市規劃者的新指導原則。都市政策的兩個主要目的——刺激成長與達成公平，此時，欲滿足此二目的，能夠確保「多樣性」，將是關鍵所在。循此一觀點，「多樣性」可以吸引人力資本、激勵創新，以及保障各類不同族群的公平機會，因此根據這個邏輯，一個城市的競爭優

勢以及是否能夠獲得經濟上的成功，則有賴於在社會與經濟基礎以及建成環境，來提升其「多樣性」。

6.4.1 「都市多樣性」（Urban diversity）→「價值力」（Capacities）→「公平城市」（Just city）

上一段提到「多樣性」可以保障各類不同族群的公平機會，與前面第二節 Rawls 所要的理想境界——要求具不同自然能力的人都有取得社會地位的平等機會，其意旨是一致的。又根據 Fainstein（2005）的論點，一個都市規劃者有責任創造「城市的多樣化環境」，讓各類不同族群的人們發揮「能力、價值」與智慧，以及參與公共事務的公平機會，最後，一個「公平城市」於焉誕生。我把 Fainstein 的此一論點，簡化成為以下邏輯：「都市多樣性」（Urban diversity）→「價值力」（Capacities）→「公平城市」（Just city），至於都市多樣性、價值力與公平城市的誕生三者之關係，容於本章第 7 節中，再予以詳細說明與論證。

6.4.2 理想型多樣化城市的四種觀點

● **Jane Jacobs**

美國著名女性都市計畫學者 Jane Jacobs 在她的世紀經典名著 *The Death and Life of Great American Cities*（1961）裡曾經說

過:「無趣、沒有活力的城市,事實是因為自身埋藏了走向毀滅的種子。……而活力、多樣、緊湊的城市,具備了處理問題的充足能力,因此保有不斷再生的種子。」她在這本書中,首度提出一個城市地景需要多樣使用的要求,從此乃成為都市規劃界最具影響力的觀點,因為她認為一個多樣化的城市,不同使用功能之間彼此持續地互相支援,將會促進經濟與社會的多樣性。她奉勸規劃者避開抽象的理想型城市模型(例如美麗的放射狀花園城市),回到真實的都市中,看看人們喜歡擁擠、與陌生人的多元互動、短而美的街道以及混合的土地使用。Jacobs 後來在她的其他著作中,一再主張「多樣性」不但讓都市變得更加動人,而且成為經濟生產力的泉源。

● Richard Florida

他在其 2002 年所寫的 *The rise of the creative class* 一書中,聲明:「地方(Places)已經取代公司,而成為經濟中具關鍵的組織單位」。後來他的研究發現,「地點」(Place)對當今每個人生活的重要性,而其重要性是來自於「創意經濟」,Florida 自此即可將他的「創意理論」與「城市地方經濟」彼此關連起來。他的研究結果顯示:「世界是平的」此一神話並非事實,全球多元化與分殊化造成城市經濟結構已大不同,選擇「居住地點」也決定了人們的「幸福」。個性開放者群聚是區域創新及經濟成長的驅動因素。「開放」與兩個特別的因素有關:一是「美感」,二是「好奇心」。區域創意及創新與多元化、活力

以及開放有關,但與社會資本無關。

由此看出,Florida 與 Jacobs 具有相同的主張:「多樣性刺激創造力,進而提升創新與經濟成長」。只是 Jacobs 特別把實質空間與經濟、社會多樣性加以連結起來,讓一個都市的實質結構的差異性與各種空間型態得以產生。

● Iris Marion Young

身為一位哲學家,Young(1990)維護她提出的「差異的政治性」(the politics of difference)概念時,關注於將城市看作是各種「差異」能夠蓬勃發展的集合場所。相較於 Jacobs 與 Florida,Young 比較不關注經濟成長的議題,她把注意力放在社會公平性是否達成這件事上。她主張都市異質化,反對特定的鄰里社區被單一族群或團體所主宰,鄰里之間的界線不一定需要很清楚劃分。一個都市出現不同族群的互相融合,有時候是因為人們多重使用社會空間所造成的,這將讓都市空間變得有趣,把人們從家裡帶進公共空間中,給人們帶來快樂與驚奇以及活動的多元化。

● Leonie Sandercock

都市計畫理論學家 Sandercock(1997)界定她的理想型化城市──「國際城市」(Cosmopolis)時,與 Young 一樣,認為「都市多樣性是一個公平城市的基礎」。在她的理想城市中,是要允許來自不同族裔與種族背景的人們,都能夠具有平等的權

力使用都市空間，需要一個人們在開放多元的空間中，又能保有「匿名的樂趣」，她期待都市計畫的功能，應該超越效率與公平的目標，還能為都市居民提供樂趣。

由以上四位學者的論點，我們可以看出，都市規劃者大都被委任要去執行多樣性的任務，但似乎又做不到。一個有用的辦法是：分析當今對現代主義的批評，然後進一步提出強調多樣性的需要。這一點將於下一節加以說明。

6.5「反」現代主義與多樣性的出現

Daniel Burnham 有一句名言：「不要做小計畫，它們沒有激起男人熱血的魅力」。他將都市設計師視為遠見知識的觀點，啟發了美國城市規劃的早期實踐者。儘管他的影響力主要在美國，但是主要計畫（Master plan）的概念卻傳遍了已開發國家，並被強加在許多殖民地國家中。這正說明：將科學應用於自然與社會，高度現代主義（modernism）體現在上個世紀的規劃原則中，呈現出某種形式的理想主義。這一時期，規劃師與其他專業人士「心中設想對社會生活的各個方面進行全面、合理的工程，以改善人類狀況」。然而，從居民由下往上的觀點來看，創造美麗新城市的努力，似乎代表了偽裝成公共利益的願景以及不民主的強加。雖然，城市美化與理性化的努力，贏得了廣泛支持。然而，缺乏更長遠的願景——即在減輕工業

城市的不舒適感的同時，並且可以改善最弱勢群體的處境。依此一思維，20 世紀的規劃者通常會提出一種最佳解決方案——將不同的實質空間的使用與社會階層分開，用以提高效率，而不是公平，在大多數情況下，他們的目標只是追求一致性與統一感。直到二戰後，左派批評者才起來反對計畫。20 世紀下半葉的「大計畫災難」引起了中產階級對破壞心愛的建築物和地區的反抗，以及工人階級對拆除鄰里的抵制（Hall, 1982）。

Jacobs（1961）所稱的「城市的掠奪」（the sacking of cities）是有道理的，理由是：保存現有的都市結構，會妨礙在新生地上開發的新計畫；傳統中心商業區的多重所有權和用途特徵，被視為影響郊區購物中心與辦公區無法統一管理的原因；規劃師將交通擁擠視為復甦市中心零售業的最嚴重障礙；在歐洲與美國城市中，貧窮人口在都市中心地區不受歡迎的觀點，普遍盛行。

上述情況正好就是主張多樣性的學者必須加以回應的。先有現代主義者對工業城市的骯髒與擁擠做出了反應，而後則有最近的批評者譴責重新整理過的大都市的無聊與空虛。這些批評者最初的目標上只是保存主義，後來逐漸發展出一種新模式，並開始在都市的建成環境中留下印記。他們採用新傳統設計的形式，包括：手工藝工作坊但不作工廠用途的混合使用、與藝術相關的設施、節慶演出以及娛樂場所。因此，若干大型方案已經計畫好，例如：曼哈頓西端地區的計畫、巴黎東區與

倫敦碼頭區的再開發案，開發商尋求用途的多樣性，並沿用
Jane Jacobs 的妙方，例如：活潑有活力的街景。

從以上的討論得知，二戰後迄今的都市發展歷史中，多樣
性的出現是在「反」現代主義之後才有的，二者具有前後關
係。此處，值得我們分析的問題是：實質空間多樣性與社會多
樣性之間，是否存在內在關連？什麼樣的多樣性才能真正促進
經濟創新？還有，社會多樣性是否必然有助於產生公平以及廣
泛滿足公共領域？Fainstein（2000）曾經說過：「多樣性」是一
個既可能會產生消極效果，也會產生積極效果的概念，取決於
它存在的脈絡而定。正如下面將要討論的，實現公平、正義城
市，需要培養多元的能力（multiple capacities），而都市多樣性
（Urban diversity）在增強這些能力方面的作用，則有待論證。

6.6 贊成與反對多樣性的爭論

6.6.1 多樣性的形式

在討論都市形式時，「多樣性」（Diversity）一詞具有多重
含義。從最基本的意義上說，它只是指建築類型——高層和低
層房屋的混合，包含一系列建築風格的街景。

● 阿姆斯特丹港

例如，在阿姆斯特丹港的新住宅開發計畫中，既有公寓建

築，也有連排別墅，而後者沒有表現傳統阿姆斯特丹的統一性，而是融入雜亂無章的設計主題。然而，這種多樣化的風格存在於一個沒有改變的街道和運河中，住宅區與商業區就被嚴格地區隔出來。相比之下，在舊阿姆斯特丹，我們看到工作室、娛樂場所、住宅與辦公室並排存在，儘管各個街道的建築都是同質的。這正是 Jane Jacobs 所呼籲都市多樣性時所需要的這種混合使用。

● 紐約砲台公園

　　儘管如此，問題還是出現了：混合使用與混合結構是否會產生社會多樣性？紐約砲台公園城（BPC），被 R. Sennett 認為只是「多樣性的幻影」（simulacrum of diversity），它包含零售店、餐廳、辦公室、住家、文化機構、大飯店、室內冬季花園與附近的公園。辦公大樓容納了典型兩極化的金融公司就業組合──一者是高級專業人士與經理人才，二者是低薪清潔工人和店員。修剪整齊的公園與冬季花園對任何人開放，儘管位置意味著（但絕不是全部）其用戶的主要來源是上班族，以及 BPC、Tribeca 附近公寓大樓的廣大民眾，而且遊客可以參觀各種文化、零售與餐飲設施。可知 BPC 在某些方面的表現是多元化的，儘管如此，問題仍然存在──如果私人空間主要是為富有人家保留的，而公共空間又不能完全反映紐約市的社會與文化差異的話，那麼，是否可以聲稱是真正的多元化呢？

與阿姆斯特丹相比，城市的社會多樣性存在於建築相似度極高的地區，因為荷蘭政府提供大量補貼來降低租金，並支持住戶住在他們負擔不起的房屋中，因此，我們就會看到，即使在城市中特定族群的居住區，也存在種族與社會階層的混合（Musterd & Salet, 2003）。這種多樣性的來源，不在於城市的建築空間形式，而在於社會計畫。當不同的社會群體佔據相鄰空間時，存在敵意的可能性將會被荷蘭福利國家的慷慨所減輕，於是限制了極端的經濟差異。

● **紐約與倫敦**

相較之下，紐約與倫敦的社區，在收入與種族差異方面表現出很大的不平等。儘管最近旅遊促進者承認他們可以將以前被低估的族裔社區作為旅遊景點，進行行銷（Rath, 2005），但是排斥的傳統仍然存在，這說明利用族裔多樣性來促進公平與成長，是有困難的。最近根據紐約市各行政區的烹飪多樣性、零售獨特性與當地特色，開展的一項關於刺激觀光業的研究中，Fainstein 與合著者發現，儘管全市旅遊官員口頭上支持分散旅遊資金的概念，但是他們在促進這種分散方面的實際努力，微乎其微（Fainstein & Powers, 2005）。我們將這一結果歸因於位於市中心的飯店與餐廳利益的力量，他們提供資金支持該市的會展與觀光局，並影響了飯店的服務人員。換句話說，觀光制度遠沒有城市本身來得多樣化，城市的大部分地區仍然未被觀光客看見，即使一些具包容性的措施已經改善了城市的

整體經濟狀況。

● 公共空間的特徵

　　渴望都市多樣性的學者們特別關注公共空間的特徵。I. M. Young 雖然不要求每個住宅區都是城市的縮影，但強調提供空間的重要性，為不同社會背景的人提供高程度的互動機會（另見 Lofland〔1998〕）。我們可以很容易說出符合這項標準的古老城市中的某些地點——倫敦的特拉法加廣場、馬拉喀什的德吉瑪廣場、馬德里的少校廣場。巴黎的 Beaubourg 是一個相對較新的公共空間，成功成為各種各樣的人的聚會場所。然而，其他創造活躍公共空間的嘗試，卻遭到文化評論家的蔑視。MacCannell 貶低遊客對意義的追求，認為旅遊促進者只生產「舞台真實性」（staged authenticity），而不是真實的東西。例如，最近在美國佛羅里達州西棕櫚灘，建造一個新都市主義的市中心，模仿地中海的村莊，但到處都是連鎖店與主題餐廳，似乎正是體現 MacCannell 對人工的批判。許多評論家對紐約重新再生、充滿活力的時代廣場及其巨大的標誌與華麗的娛樂場所進行了批評，認為它是「迪士尼化的」，儘管有狂熱的氛圍、街道生活豐富且具有異質性（Reichl, 1999）。事實上，這被指責看起來像一個主題公園，表現像是舊市區的幻影、模擬（simulacrum）（Sorkin, 1992）。

● 結語

　　儘管「真實性」（Authenticity）已成為多樣化城市（Diverse city）尋求者的目標，但是在都市化的批判文獻的所有概念中，它可能是最難確定的。一個真實的空間是可以準確描繪建造當時的空間嗎？現在的用途？市場流程？民主選擇？包容與多樣性，即使是由上往下所強加的？都是值得思索的問題。雖然很難在都市的文獻中找到「真實性」的定義，一個看來似乎是人們看到它，就會知道它的東西，卻很難在學術研究上釐清，只是我們必須知道，建立「真正的多樣性」（genuine diversity）基礎背後的真實性為何，顯然只能自發地獲得。如果是這樣的話，人們如何讓它發生呢？另外，人們是否有理由去要求真實性（genuineness）？如果人為真實性的舒適便利，可以讓使用者滿意並且產生經濟成長，那麼，我們是否有理由駁回？

6.6.2 贊成與反對多樣性的爭論

● 贊成「多樣性」

　　Richard Florida 的論點（2002）找到了經濟成長與社會多樣性二者價值之間的調和：「多樣性與創意共同推動了創新與經濟成長」。依此，我們可以看出，「創意階層」的概念促進並彌補了先前把生產與消費分成二類加以分析的缺點。他強調以小型企業為主的多樣化環境的吸引力，特別是設計生產商品的

創造者與娛樂業的提供者。同樣，Sassen 與 Roost（1999）也認為新時代廣場（new Times Square）的吸引力，在於不僅僅是一個觀看娛樂的地方，還是一個人們可以看到如何製作生產娛樂的地方。換句話說，這是一個可以讓生產與消費之間產生綜效（synergy）的地方，城市本來就應該是一個可以讓這兩種行為同時發生的地方。

然而，如果說 Florida 暗示多樣性促進公平與成長，那麼就誤解他了。他明確指出：

> 雖然創意階層喜愛開放性與多樣性，但在某種程度上，它是菁英的多樣性，僅限於受過高等教育的、有創意的人。儘管「創意階層」的興起，為女性與少數民族成員開闢了新的晉升途徑，但它的存在，確定仍然未能結束長期存在的種族與性別分歧，特別是在高科技產業中，這些分歧似乎仍然存在（Florida, 2002, p. 80）。

因此，像許多其他學者一樣，Florida 也盡量避免將社會包容與經濟競爭力混為一談。

多樣性價值的主張早於後現代主義與後結構主義的發展，但是，當時同時代的支持者只分享了後現代主義／後結構主義的立場，分析城市問題係源自於經濟結構，顯得過於理論化與簡化（Young, 1990；Smith, 1988）。到了後期，最近考察都

市變化的社會學與政治研究，乃進一步強化這一觀點，確定了塑造當代城市的多種因素，並斷言經濟結構並非具有因果優勢（例如，Castells〔2003〕；Smith〔2000〕；Logan 與 Swanstrom〔1992〕）。

綜言之，對於「多樣性」的主張，是很重要的。「多樣性」是一個都市吸引力的基礎，可以培養創造力，可以鼓勵包容，並且使得城市官員看到以前被低估的生活方式的價值。例如，雖然同性戀曾經是警察突襲的對象，但他們現在被視為都市先驅，在曾經被認為是危險的城市地區培育創新產業。

然而，與此同時，「多樣性」的論點也可能被誇大其詞，因為往往會忽視經濟結構與生產關係的持續重要性。

● **反對多樣性**

首先，多樣性與包容之間的關係尚不明確。例如，紐約東村的 Tompkins Square Park 的故事就是一個很好的例子。該公園位於一個極其多樣化的社區，包括新遷入的仕紳中產階級、年長的東歐白人勞工階級、自認是無政府主義者、藝術家和其他波西米亞人、學生以及自行車族，還包括吸毒者與大量無家可歸者的營地，整夜都是大聲喧嘩與喧鬧行為。於是，關於社區包容或排斥的兩難，就在這裡產生了。以前的經驗告訴我們，當排斥的衝動只源於對膚色或宗教信仰的偏見時，國家強制執行寬容規範是適當的，但當某些人的習慣或習俗強行侵入

他人的生活時，它的職責就會減弱。

就以簡單的噪音或抽煙來說好了，在這裡，我們可以很容易地說，當一個人的習慣讓鄰居感到不舒服時，就應該被壓制，否則就應該在其他公眾不需要的地方去做這些行為。John Stuart Mill 在《論自由》（*On Liberty*）一書中，曾經論及關於人們在不傷害他人的情況下，可以為所欲為的自由的論點，適用於其活動對個人身分不是那麼必要的情況。然而，當我們討論到女性蒙面紗、宗教法的適用或美國德州人攜帶武器的權利時，這個問題就會變得更加困難。

6.6.3 解決之道

為了解決這個兩難，我們需要用「權利」以外的術語來界定這個問題。Martha Nussbaum（2000）關於「能力」（Capacities）發展的論點，是有用的，它是在為城市訂定規範框架時，尋求描述最能夠提高人們能力的情況，換句話說，它允許採用包含一組價值觀（a set of values）的規範方法，而不是將單一價值觀放在首位。Nussbaum 強調：所有的能力都同等重要，為了健康而犧牲物質福利，是不可接受的。這種觀點並沒有解決價值之間權衡時該怎麼辦的問題，然而，當這種價值與其他價值相抵觸或附屬於其他價值時，確實防止了對多樣性的反射性偏愛。另外，這意味著：可以讓我們檢視「多樣性」對於「能力」發展的影響究竟有多大，而不是簡單假設其

結果將是有益的。因此，它不會僅僅因為處於附屬地位，而支持贊成一個群體的利益或生活方式，相反地，它會要求調查像這樣的行動是否會限制了其他團體的能力。

循此一觀點，在過去，我們大多把注意力聚焦在「多樣性」以及其對吸引受過教育的、具有創意的個人身上，而忽略了如何為那些不能成為創意階層的人創造就業機會的重要性。我們要知道，社會排斥與經濟排斥是交織在一起的，即使新馬克思主義的後現代主義者的批評說它忽視了非經濟形式的壓迫，聽起來是正確的，但是，如果未能關注到經濟不公正問題的話，同樣是代表著失敗。

6.7 都市多樣性、價值力（Capacities）與公平城市的誕生三者之關係——「阿姆斯特丹模型」

6.7.1「阿姆斯特丹模型」產生的歷史脈絡

Nussbaum（2000）在 *Women and Human Development* 一書中，列舉一個人全面發展所必須有的一系列能力（Capacities），並聲明如果要實現人類發展，就必須將每一項能力都達到一個門檻水平。Nussbaum 所說的「能力」是指可以獲得令人滿意的生活品質的能力，這是由一組普世價值所定義的，所以本

人在這本書中，把它稱之為「價值力」，英文是 Capacities 。
她不要求人們必須行使這些能力，而只要求必要時，人們可以
使用。同樣地，我們也可以列出「公平城市」所需要的一組價
值（a set of values）──「民主、公平、多樣性、成長與永續
性」，要求每一個價值都能達到最低水準。在某種程度上，這
些價值必須相互權衡，最明顯的是成長與公平以及成長與永續
性，可能會不一致（Campbell, 1996），還有如果人們對群體利
益或象徵符號的忠誠，超過了他們對共同利益的參與，那麼
「多樣性」可能會破壞「民主」。當然，可貴的是，這些價值也
可以相互加強。我們就以荷蘭的阿姆斯特丹為例，這個成功的
案例說明了一個事實，那就是：儘管在這些價值美德之間的平
衡，經常要面臨挑戰並且無法成功，但是，最後我們仍然看到
它成為一個合理且成功的模型，提供其他都市效仿，我們稱
為「阿姆斯特丹模型」（Amsterdam's model）（Fainstein, 1999,
2000；Soja, 2000）。

　　該城市的成功，大多要源自於戰後的規劃政策，該規劃確
實有意識地致力於上述價值觀的達成，我們可以預知，如果當
時沒有這些價值的話，1980 年代想要在其 19 世紀就已經存在
的環狀地區，進行大規模的都市更新，勢必會引起民眾激烈的
反對，而阻止政府的計畫。

6.7.2「阿姆斯特丹模型」為何會成功？

　　阿姆斯特丹成功規劃的基礎是國家住宅政策，該政策保障不同收入與種族群體，都能夠平等獲得住屋。負責住宅資金使用的市政府部門並不阻止種族聚集，然而，確實確保了沒有任何社區是完全同質的，並且按照 Iris Marion Young 對「模糊邊界」（fuzzy borders）的呼籲，避免了一些大型計畫，免得將居民與城市其他地區隔離。例如，最近拆除了一項大型計畫——Bijlmermeer，係透過填充式房屋（in-fill housing）與選擇性拆除手段來完成的。它的大多數鄰里社區都是混合使用（mixed uses），雖然阿姆斯特丹港內的新建築缺乏舊阿姆斯特丹的樂趣與紋理，但是，那裡的住宿仍然可以滿足不同家庭類型的需求。有些人可能會懷疑阿姆斯特丹是一個都市再生的例子，認為該處一直是繁榮的。事實上，不久前荷蘭的經濟曾經陷入困境，犯罪率高、破壞行為猖獗、居民與工廠離開這座城市。後來市政府提出了翻轉計畫，此翻轉計畫需要一個支持成長、公平與永續性等價值觀的全國性政策架構，在這個架構中，市政府規劃出一個足以維持開放的、參與式的治理系統，以確保多樣性。

　　這是一個重要的功課，因為都市管理部門傾向於跟上最新的潮流——包括公私夥伴關係、社會資本、多樣性、群聚、創意。這些任何一項策略發揮的效果，都要取決於國家政策的背

景，因為如果沒有致力於公平的國家制度，特定城市的競爭力增強的結果，可能只會產生兩極化，而且多樣性可能會導致競爭而不是包容。由此看出，「阿姆斯特丹模型」的成功，讓我們深深感受到：「都市復甦」一詞不一定只指高階層人士的成功，而應該是普及於全市居民，還有，過去學者有時候會認為經濟成長與社會公平之間並沒有必然的關連，可是「阿姆斯特丹模型」卻是打破了此迷思，讓我們在阿姆斯特丹市，看見了它們之間的綜合效果。

同時，儘管任何城市自身的能力有限，但仍有可能在地方層級實現社會正義（social justice）。最重要的可能是：不要取代足球場與會議中心等大型計畫的「邊際」用途。除此之外，透過「連結式政策」（linkage policies）與包容性分區（inclusionary zoning），對私人開發商提出市民買得起的住屋的要求，並且合理分配都市資本預算，用在提供住屋、促進能夠滿足當地居民需求的水岸開發案、訂定生活薪資條例、增加教育投資、強化公平的勞動標準以及反歧視法，這些措施都是可以支持都市居民能力上的發展（development of capacities），進而邁向「公平城市」的楷模。除了阿姆斯特丹外，很多大都市採取了其中一些措施：例如，芝加哥、舊金山與波士頓採取了「連結式政策」；紐約從自己的收入中提供資金來建造與修復住宅；洛杉磯採用了強勢的生活薪資法令；斯德哥爾摩與赫爾辛基已經完成了包容性水岸開發案。此處，簡單介紹斯德哥爾摩

的措施與方案（城都顧問公司，2020），它是一個建築在 14 個小島上且由水道形成的都市，向來有「北歐威尼斯」之稱，New Slussen Masterplan 是一個都市轉型的重要計畫，兼顧舊的歷史紋理，也轉型為新的都市中心。整頓 Slussen 橋成為「以人為本」的海港都市，打造新的水岸空間、改變老舊的交通方式、利用多元化的公共空間串連起新的自行車或人行道網絡，以創造新的軸線紋理、適應氣候變遷創造永續的水環境等，這是一個非常尊重市民日常生活模式的計畫，更是一個歐洲都市再生成功的故事。

縱使「阿姆斯特丹模型」採用這種新都市計畫途徑，混合各種建築類型以及提供民眾可以購屋的負擔水平，並搭配交通導向型的發展方案，有些支持者仍不認為是萬靈丹。但是，它所採取填充式開發方式（in-fill development），而不是破壞公共住宅，光是這一點，就可以為城市提供一個實質架構，為居民與遊客提供更高的生活品質。我們必須體認的是，長遠來看，異質性都市欲邁向一個公平城市，要走得更遠的話，最重要的是一種政治意識，要能夠在國家與地方層級上，朝著尊重他人與追求更大平等的方向前進才行。

6.7.3 結語

從以上二節說明與論證「阿姆斯特丹模型」產生的歷史背景以及之所以會成功的原因與機制，可以回復到本章第 2 節

Rawls 所要的理想境界——他要求具不同自然能力的人都有取得社會地位的平等機會，以及第 4 節提到的「多樣性」可以保障各類不同族群的公平機會，其觀念與意旨是一致的。又根據 Fainstein（2005）的論點，一個都市規劃者有責任創造「城市的多樣化環境」，讓各類不同族群的人們發揮「能力、價值」與智慧，以及參與公共事務的公平機會，最後，一個「公平城市」於焉誕生。我把 Fainstein 的此一論點，簡化成為以下的邏輯，作為本章的結尾：「都市多樣性」（Urban diversity）→「價值力」（Capacities）→「公平城市」（Just city），至此，都市多樣性、價值力與公平城市的誕生三者之關係，終於彼此連貫與互相平衡。

參考文獻

第 1 章

林榮泰、孫銘賢、凃良錦（2008）。文化創意產品設計與創新
經營模式之探討——以台藝大設計學院文化創意產學中心
為例。**中華民國設計學會第 13 屆年會暨研討會論文集**，
長庚大學。設計產業與實務 P107，論文編號：354-1122-1-
DR。

何明泉、蔡子瑋（1995）。設計之文化意義初探。**工業設計**，
84：32-37。

李明宗（2002）。**當代台灣節慶活動形貌——休閒社會學詮釋
觀點之提擬**。台灣師範大學體育博士班博士論文。台北。

邱博舜（2001）。真實性與文化差異。**2001 台灣文化資產保存
研究年會——追求文化資產的真實性年會紀實**。台南：國
立文化資產保存研究中心籌備處。

陳瑩育（2007）。**舞台化真實性理論應用於觀光意象之研究
——以台南安平老街為例**。逢甲大學景觀與遊憩研究所碩
士論文。台中。

傅朝卿（2001）。建立台灣文化資產保存真實性的迫切性。
**2001 台灣文化資產保存研究年會——追求文化資產的真實
性年會紀實**。台南：國立文化資產保存研究中心籌備處。

劉益昌（2001）。文化資產如何在展示上呈現真實性？。2001
**台灣文化資產保存研究年會——追求文化資產的真實性年
會紀實**。台南：國立文化資產保存研究中心籌備處。

Bruner, E. M. (1994). Abraham Lincoln as Authentic Reproduction: A Critique of Postmodernism. *American Anthropologist*, 96: 397-415.

Chhabra, D., Healy, R., & Sills, E. (2003). Staged authenticity and heritage tourism. *Annals of Tourism Research*, 30(3): 702-719.

Cohen, E. (1979). Rethinking the Sociology of Tourism. *Annals of Tourism Research*, 6(1): 18-35.

Hsieh, A., & Chang, J. (2006). Shopping and tourist night markets in Taiwan. *Tourism Management*, 27(1): 138-145.

Grayson, K., & Martinec, R. (2004). Consumer Perceptions of Iconicity and Indexicality and Their Influence on Assessments of Authentic Market Offerings. *Journal of Consumer Research*, 31(2): 297-299.

Jamal, T., & Hill, S. (2004). Developing a framework for indicators of authenticity: the place and space of cultural and heritage tourism. *Asia Pacific Journal of Tourism Research*, 9: 353-371.

Lew, A. (1989). Authenticity and sense of place in the tourism development experience of older retail districts. *Journal of Travel Research*, 27: 15-22.

MacCannell, D. (1973). Staged Authenticity: Arrangements of Social Space in Tourist Settings. *The American Journal of Sociology*, 79(3): 589-603.

Reisinger, Y., & Steiner C. J. (2006). Reconceptualizing object authenticity. *Annals of Tourism Research*, 33(1): 65-86.

Swanson, K. K., Timothy, D. J. (2012). Souvenirs: Icons of meaning, commercialization and commoditization. *Tourism*

Management, 33: 489-499.

Timothy, D. J. (2011). *Cultural heritage and tourism: An introduction*. Bristol: Channel View.

Wang, N. (1999). Rethinking authenticity in tourism experience. *Annals of Tourism Research*, 26(2): 349-370.

第 2 章

邱淑宜、林文一（2021）。邁向「和諧」文創園區的都市再生：以上海 2577 創意大院和 1933 老場房為例。**都市與計劃**，48（2）：167-204。

Adams, K. M. (1984). Come to Tana Toraja, "Land of the Heavenly Kings": Travel Agents as Brokers in Ethnicity. *Annals of Tourism Research*, 11: 469-485.

Asad, T. (1973). *Anthropology and the Colonial Encounter*. New York: Humanities Press.

Berger, P. (1973). "Sincerity" and "Authenticity" in Modern Society. *Public Interest*, Spring: 81-90.

Britton, R. A. (1979). The Image of the Third World in Tourism Marketing. *Annals of Tourism Research*, 6: 318-329.

Brunner, E. M. (1989). Of Cannibals, Tourists, and Ethnographers. *Cultural Anthropology*, 4: 339-349.

Brunner, E. M. (1991). The Transformation of Self in Tourism. *Annals of Tourism Research*, 18: 238-250.

Clifford, J. (1988). *The Predicament of Culture*. Cambridge: Harvard University Press.

Clifford, J. & Marcus, G. E. (1986). *Writing Culture*. Berkeley:

University of California Press.

Cohen, E. (1979). A Phenomenology of Tourist Experiences. *Sociology*, 13: 179-201.

Cohen, E. (1988). Authenticity and Commoditization in Tourism. *Annals of Tourism Research*, 15: 371-386.

de Kadt, E. (1979). The Encounter: Changing Values and Attitudes. In: de Kadt, E. (ed.), *Tourism: Passport to Development?* pp. 50-67. New York: Oxford University Press.

Desai, A. V. (1974). Tourism-Economic Possibilities and Policies. *Tourism in Fiji*, pp. 1-12. Suva: University of the South Pacific.

Dilley, R. S. (1986). Tourist Brochures and Tourist Images. *Canadian Geographer*, 30: 59-65.

Evans-Pritchard, D. (1989). How "They" see "Us": Native American Images of Tourists. *Annals of Tourism Research*, 16: 89-105.

Fabian, J. (1983). *Time and the Other: How Anthropology Makes its Object*. New York: Columbia University Press.

Gewertz, D. & Errington, F. (1991). *Altered Contexts: Representing the Chambri in a World System*. New York: Cambridge University Press.

Goldberg, A. (1983). Identity and Experience in Haitian Voodoo Shows. *Annals of Tourism Research*, 10(4): 479-495.

Graburn, N. H. H. (1976a). Introduction: The Arts of the Fourth World. In: Graburn, N. H. H. (ed.), *Ethnic and Tourist Arts*, pp. 1-32. Berkeley: University of California Press.

Graburn, N. H. H. (1976b). Eskimo Art: The Eastern Canadian

Arctic. In: Graburn, N. H. H. (ed.), *Ethnic and Tourist Arts*, pp. 39-55. Berkeley: University of California Press.

Greenwood, D. J. (1982). Cultural "Authenticity". *Cultural Survival Quarterly*, 6(3): 27-28.

Hitchcock, R. K. & Brandenburgh, R. L. (1990). Tourism, Conservation, and Culture in the Kalahari Desert, Botswana. *Cultural Survival Quarterly*, 14(2): 20-24.

Johnson, D. M. (1981). Disney World as Structure and Symbol: Recreation of the American Experience. *Journal of Popular Culture*, 15(1): 157-165.

Kaufmann, C. N. (1976). Functional Aspects of Haida Argillite Carvings. In: Graburn, N. H. H. (ed.), *Ethnic and Tourist Arts*, pp. 56-59. Berkeley: University of California Press.

Kessing, R. M. (1989). Creating the Past: Custom and Identity in the Contemporary Pacific. *The Contemporary Pacific: A Journal of Island Affairs*, 1(1&2): 21-29.

King, M. J. (1981). Disneyland and Walt Disney World: Traditional Values in Futuristic Forms. *Journal of Popular Culture*, 15(1): 116-140.

MacCannell, D. (1976). *The Tourist, A New Theory of the Leisure Class*. New York: Schoken Books.

McKean, P. F. (1976). Tourism, Culture Change, and Culture Conservation in Bali. In: Banks, D. J. (rd.), *Changing Identities in Modern Southeast Asi*a, pp. 237-248. Hague: Mouton.

McKean, P. F. (1989). Toward a Theoretical Analysis of Tourism: Economic Dualism and Cultural Involution in Bali. In: Valene,

L. S. (ed.), *Hosts and Guests: The Anthropology of Tourism*, pp. 119-138. Philadelphia: The University of Pennsylvania Press.

Nettekoven, L. (1973). Touristen sind eben keine Volkerkundler. *Auslandskurier*, 3: 28-29.

Nettekoven, L. (1979). Mechanisms of Intercultural Interaction. In: Emanuel de Kadt (ed.), *Tourism: Passport to Development?* pp. 135-145. New York: Oxford University Press.

Noronha, R. (1979). Paradise Reviewed: Tourism in Bali. In: Emanuel de Kadt (ed.), *Tourism: Passport to Development?* pp. 117-204. New York: Oxford University Press.

Petit-Skinner, S. (1977). Tourism and Acculturation in Tahiti. In: Bryan, H. F. (ed.), *The Social and Economic Impact of Tourism on Pacific Communities*, pp. 218-253. Santa Cruz: Center for South Pacific Studies.

Ranger, T. (1983). The Invention of Tradition in Colonial Africa. In: Hobsbawn, E. and Ranger, T. (eds.), *The Invention of Tradition*. Cambridge: Cambridge University Press.

Rickey, G. (1990). Home Sweet Home. *Caribbean Travel and Life (November/December)*: 66-73.

Said, E. (1979). *Orientalism*. New York: Vintage Books.

Shiloah, A. & Cohen, E. (1983). The Dynamics of Change in Jewish Oriental Ethnic Music in Israel. *Ethnomusicology*, 27(2): 227-252.

Silver, I. (1993). Marketing Authenticity in Third World Countries. *Annals of Tourism Research*, 20: 302-318.

Trilling, L. (1972). *Sincerity and Authenticity*. London: Oxford University Press.

Volkman, T. (1990). Visions and Revisions: Toraja Culture and the Tourist Gaze. *American Ethnologist*, 17: 91-110.

Zukin, S. (2008). Consuming authenticity: From outposts of difference to means of exclusion. *Cultural Studies*, 22(5): 724-748.

Zukin, S. (2010). *Naked City: The Death and Life of Authentic Urban Places*. Oxford, UK: Oxford University Press.

第 3 章

陳貞吟（2004）。以方法目的鏈探討旅客懷舊體驗的內涵與價值，國立中正大學企業管理研究所博士論文。

Beeho, A. J. & Prentice, R. C. (1995). Evaluating the Experiences and Benefits Gained by Tourists Visiting a Socio-Industrial Heritage Museum: An Application of ASEB Grid Analysis to Blists Hill Open-Air Museum, The Ironbridge Gorge Museum, United Kingdom. *Museum Management and Curatorship*, 14(3): 229-251.

Bruns, D., Driver, B. L., Lee, M. E., Anderson, D. and Brown, P. J. (1994). Pilot Tests for Implementing Benefits-Based Management. *The Fifth International Symposium on Society and Resource Management*. Symposium on Advances in Amenity Resource Management, June 8 Fort Collins CO.

Chhabra, D., Healy, R., & Sills, E. (2003). Staged authenticity and heritage tourism. *Annals of Tourism Research*, 30(3): 702-719.

Crompton, J. L. & McKay, A. (1997). Motives of Visitors Attending Festival Events. *Annals of TourismResearch*, 24: 425-439.

Green, G. L. (2002). Marketing the nation: Carnival and tourism in Trinidad and Tobago. *Critique of Anthropology*, 22: 283-304.

Holak S. L. & Havlena, W. J. (1998). Feelings, fantasies, and memories: An examination of the emotional components of nostalgia. *Journal of Business Research*, 42(4): 217-226.

Jamal, T. & Hill, S. (2002). The home and the world; (post)touristic spaces of (in)authenticity? In: Dann, G. (ed.), *The tourist as a metaphor of the social world*, pp.77-107. Wallingford, UK: CAB International.

Jamal, T. & Hill, S. (2004). Developing a Framework for Indicators of Authenticity: The Place and Space of Cultural and Heritage Tourism. *Asia Pacific Journal of Tourism Research*, 9(4): 353-371.

MacCannell, D. (1973). Staged Authenticity: Arrangements of Social Space in Tourist Settings. *American Journal of Sociology*, 79: 589-603.

Macdonald, S. (1992). Cultural Imagining Among Museum Visitors, A Case Study. *Museum Management and Curatorship*, 11: 401-409.

Magelssen, S. (2003). The staging of history: theatrical, temporal and economic borders of Historyland. *Visual Communication*, 2: 7-24.

McIntosh, A. J. & Prentice, R. C. (1999). Affirming Authenticity: Consuming Cultural Heritage. *Annals of TourismResearch*,

26(3): 589-612.

Moscardo, G. (1996). Mindful Visitors, Heritage and Tourism. *Annals of Tourism Research*, 23: 376-397.

Peleggi, M. (2005). Consuming colonial nostalgia: The monumentalisation of historic hotels in urban South-East Asia. *Asia Pacific Viewpoint*, 46 (3): 255-265.

Prentice, R. C. (1993). *Tourism and Heritage Attractions*. London: Routledge.

Richards, G. (1996). Production and Consumption of European Cultural Tourism. *Annals of TourismResearch*, 23: 261-283.

Salamone, F. (1997). Authenticity in tourism: The San Angel Inns. *Annals of Tourism Research*, 24: 305-321.

Taylor, J. (2001). Authenticity and Sincerity in Tourism. *Annals of Tourism Research*, 28: 7-26.

Urry, J. (1990). *The Tourist Gaze: Leisure and Travel in Contemporary Societies*. London: Sage.

Waitt, G. (2000). Consuming heritage: Perceived historical authenticity. *Annals of Tourism Research*, 27(4): 835-862.

第 4 章

林榮泰（2005）。科技與人性的結合──文化創意。**科學發展**，396：68-75。

林榮泰（2009）。融合文化與美學促成文化創意設計新興產業之探討。**藝術學報**，6（1）：72-84。

林榮泰等合著（2009）。**設計典藏：創意產業的文化想像**。台北：文瀾資訊。

施聖文（2011）部落新聞眼：文化與文化商品化：從豐年祭到樂舞節。**台灣立報**，第 6 版，族群。

陳坤宏、林思玲、董維琇、陳璽任（2019）。**創意文化空間・商品**，台北：五南。

陳璽任（2019）。創意文化商品設計與開發，收錄於陳坤宏、林思玲、董維琇、陳璽任，**創意文化空間・商品**，第 3 章，台北：五南。

陳潔瑩（2012）。工藝產業與產品設計產業，收錄於周德禎、賀瑞麟、葉晉嘉、蔡玲瓏、林思玲、陳潔瑩、劉立敏、李欣蓉、施百俊，**文化創意產業——理論與實務**，第 8 章，台北：五南。

漢寶德（2014）。**文化與文創**。台北：聯經。

Asad, T. (1973). *Anthropology and the Colonial Encounter*. New York: Humanities Press.

Baggini, A. B. (2008). *Handbook of Power Quality*. New York: John Wiley & Sons.

Blackwell, R. D., Miniard, P. W. and Engel , J. F. (2006). *Consumer Behavior*. US: Thomson South-Western.

Cave, J., Ryan, C., & Panakera, C. (2007). Cultural tourism product: Pacific Island migrant perspectives in New Zealand. *Journal of TravelResearch*, 45(4): 435-443.

Cohen, E. (1979). A Phenomenology of Tourist Experiences. *Sociology*, 13: 179-201.

Cohen, E. (1988). Authenticity and Commoditization in Tourism. *Annals of Tourism Research*, 15: 371-386.

Fabian, J. (1983). *Time and the Other: How Anthropology Makes its*

Object. New York: Columbia University Press.

Horner, A. E. (1992). Personally negotiated authenticities in Cameroonian tourist arts. Paper presented at the meeting of American Anthropological Association, San Francisco.

MacCannell, D. (1973). Staged Authenticity: Arrangements of Social Space in Tourist Settings. *The American Journal of Sociology*, 79(3): 589-603.

MacCannell, D. (1976). *The Tourist, A New Theory of the Leisure Class*. New York: Schocken Books.

MacCannell, D. (1999). *The Tourist*. New York: Schocken.

McKercher, B., & du Cros, H. (2002). *Cultural tourism: The partnership between tourism and cultural heritage management*. New York: Haworth.

Silver, I. (1993). Marketing Authenticity in Third World Countries. *Annals of Tourism Research*, 20: 302-318.

Swanson, K. K. & Timothy, D. J. (2012) Souvenirs: Icons of meaning, commercialization and commoditization. *Tourism Management*, 33: 489-499.

Timothy, D. J. (2011). *Cultural heritage and tourism: An introduction*. Bristol: Channel View.

第 5 章

陳坤宏主編，陳坤宏、彭渰雯、洪綾君、林漢良、趙子元、洪于婷、陳亮圻、陳璽任（2020）。**創意・都市・幸福感：驅動區域創新及經濟成長**，台北：五南。

蘇郁珺、陳坤宏（2021）。老屋・多樣性・真實性・地方性

——台南老屋之探究。**中國地理學會** 2021 **年年會暨地理學術研討會**，彰化：國立彰化師範大學。

Boorstin, D. (1961). *The Image: A Guide to Pseudo-Events in America.* New York: Harper and Row.

Canter, D. (1977). *The Psychology of Place*, Chapter 3, 8. New York: St. Martin Press.

Clay, G. (1980). *Close-Up, How to Read the American City.* Chicago: University of Chicago Press.

Cresswell, T. (2002). Introduction: Theorizing Place. *Mobilizing Place, Placing Mobility*, 9: 11-31.

Cresswell, T. (2009). *Place: a short introduction.* Malden, Mass: Blackwell.

Fainstein, S. S. (2005). CITIES AND DIVERSITY: Should We Want It? Can We Plan For It? *Urban Affairs Review*, 41(1): 3-19.

Florida, R. (2002). *The rise of the creative class.* New York: Basic Books.

Giddens, A. (1981). *A Contemporary Critique of Historical Materialism*, Chapter 1. London: The Macmillan Press Ltd.

Jacobs, J. (1961). *The death and life of great American cities.* New York: Vintage.

Jacobs, J. (1969). *The Economy of cities.* New York: Vintage.

Lew, Alan A. (1983). *Thematic Revitalization of Older Retail Districts in the Pacific Northwest.* M. A. thesis, Department of Geography, University of Oregon.

Lew, Alan A. (1989). Authenticity And Sense Of Place In The

Tourism Development Experience Of Older Retail Districts. *Journal of Travel Research*, 27(4): 15-22.

MacCannell, D. (1976). *The Tourist, A New Theory of the Leisure Class*. New York: Schocken.

Pred, A. (1983). Structuration and Place: On the Becoming of Sense of Place and Structure of Feeling. *Journal for the Theory of Social-Behavior*, 13(1): 45-68.

Pred, A. (1984). Place as Historically Contingent Process: Structuration and the Time-Geography of Becoming Places. *AAAG*, 74(2): 279-297.

Pred, A. (1986). *Place, Practice and Structure*, Chapter 1. Cambridge: Polity Press.

Rapoport, A. (1977). *Human Aspects of Urban Form*. New York: Methuen.

Relph, E. (1976). *Place and Placelessness*. London: Pion Ltd.

Sandercock, L. (1997). *Towards Cosmopolis: Planning for multicultural cities*. New York: John Wiley.

Trillin, C. (1977). Thoughts Brought on by Prolonged Exposure to Exposed Brick. *The New Yorker*, May 16: 101-107.

Urry, J (1991). Time and space in Giddens' social theory. In: Bryant, C. G. A. & Jary, D. (eds.), *Giddens' Theory of Structuration: a critical appreciation*, pp. 160-175. London: Routledge.

Wood, A. (1979). Tourism: An Asset or a Liability? *Historic Preservation*, 31: 39-43.

Yi-Fu Tuan (1974). *Topophilia: A Study of Environmental Perception, Attitudes, and Values*, Chapter 8. N. J.: Prentice-

Hall Inc.

Young, I. M. (1990). *Justice and the politics of difference.* Princeton: Princeton Univ. Press.

第 6 章

城都顧問公司（2020）。**6 個歐洲城市再生的 12 個故事（20 週年特別出版）**。高雄：城都顧問公司。

趙敦華（1988）。**勞斯的《正義論》解說**。台北：遠流。

Campbell, S. (1996). Green cities, growing cities, just cities? Urban planning and the contradictions of sustainable development. *Journal of the American Planning Association*, 62(3): 296-312.

Castells, M. (2003). *The power of identity.* (Rev. ed.). Oxford: Blackwell.

Fainstein, S. S. (1999). Can we make the cities we want？In: R. A. Beauregard & S. Body-Gendrot (eds.) *The urban moment*, pp. 249-71. Thousand Oaks, CA: Sage.

Fainstein, S. S. (2000). The egalitarian city: Images of Amsterdam. In: L. Deben, W. Heinemeijer, and D. van der Vaart (eds.)(2nd ed.) *Understanding Amsterdam*, pp. 93-116. Amsterdam: Het Spinhuis.

Fainstein, S. S. (2005). CITIES AND DIVERSITY: Should We Want It? Can We Plan For It? *Urban Affairs Review*, 41(1): 3-19.

Fainstein, S. S. & Powers, J. C. (2005). Tourism and New York's ethnic diversity: An underutilized resource? In: Rath, J. (ed.) *Tourism, ethnic diversity and the city*. London: Routledge.

Florida, R. (2002). *The rise of the creative class*. New York: Basic Books.

Hall, P. G. (1982). *Great Planning Disasters*. Berkeley: University of California Press.

Jacobs, J. (1961). *The death and life of great American cities*. New York: Vintage.

Lofland, L. H. (1998). *The Public Realm*. New York: Aldine de Gruyter.

Logan, J. & Swanstrom, T. (1992). (eds.). *Beyond the city limits*. Philadelphia: Temple University Press.

Musterd, S. & Salet, W, (2003). (eds.) *Amsterdam Human Capital*. Amsterdam: Amsterdam Univ. Press.

Nussbaum, M. (2000). *Women and human development*. Cambridge: Cambridge Univ. Press.

Rath, J. (2005). (ed.) *Tourism, ethnic diversity and the city*. London: Routledge.

Rawls, J. (1972). *A Theory of Justice*. Cambridge, USA: Harvard University Press.

Reichl, A. J. (1999). *Reconstructing Times Square*. Lawrence, KS: University Press of Kansas.

Sandercock, L. (1997). *Towards Cosmopolis: Planning for multicultural cities*. New York: John Wiley.

Sassen, S. & Roost, F. (1999). The city: Strategic site for the global entertainment industry. In: Judd, D. R. and Fainstein, S. S. (eds.) *The tourist city*, pp. 143-154. New Haven: Yale University Press.

Smith, M. P. (1988). *City, state & market*. Oxford: Blackwell.

Smith, M. P. (2000). *Transnational urbanism*. Oxford: Blackwell.

Soja, E. (2000). The stimulus of a little confusion. In: L. Deben, W. Heinemeijer, and D. van der Vaart (eds.)(2nd ed.) *Understanding Amsterdam*, pp. 117-142. Amsterdam: Het Spinhuis.

Sorkin, M. (1992). (ed.) *Variations on a theme park*. New York: Hill and Wang.

Young, I. M. (1990). *Justice and the politics of difference*. Princeton: Princeton Univ. Press.

索引

S

T

U

V

W

文創真實性

國家圖書館出版品預行編目（CIP）資料

文創真實性：Creativity.authenticity ／陳坤宏
著. -- 初版. -- 高雄市：巨流圖書股份有
限公司，2021.11
面； 公分

ISBN 978-957-732-643-0（平裝）

1. 文化產業 2. 創意

541.29 110019072

著　　　者	陳坤宏
責 任 編 輯	張如芷
封 面 設 計	曹淨雯

| 發 行 人 | 楊曉華 |
| 總 編 輯 | 蔡國彬 |

出　　版　巨流圖書股份有限公司
　　　　　802019 高雄市苓雅區五福一路 57 號 2 樓之 2
　　　　　電話：07-2265267
　　　　　傳真：07-2233073
　　　　　e-mail: chuliu@liwen.com.tw

編 輯 部　100003 臺北市中正區重慶南路一段 57 號 10 樓之 12
　　　　　電話：02-29222396
　　　　　傳真：02-29220464

劃 撥 帳 號　01002323 巨流圖書股份有限公司
購 書 專 線　07-2265267 轉 236

法 律 顧 問　林廷隆律師
　　　　　電話：02-29658212

出版登記證　局版台業字第 1045 號

ISBN／978-957-732-643-0（平裝）
初版一刷・2021年11月

定價：320 元